透過經濟分析、財務分析工具及對相關金融商品與規範之了解，建立優質
之財務設計顧問並協助企業與個人戶善用財務資訊。

全方位財務人

財務設計顧問工具書（修訂新版）

FULL FUNCTIONAL FINANCIAL GUY

黃怡仁　著

王怡人　校稿

【作者序】

「業績」與「專業」之省思

　　臺灣目前正值金融控股怪胎之培育期，存續公司所考慮的僅是如何將其培育成為肉食性之「暴龍」，將所有之競食對手及目標獵物盡納為爪中飧，以鞏固其權利慾望及延續生命；而不是朝著培育成為素食性之「腕龍」，以共存共榮為己任，且各擁其天地之龐然巨物。如果政府所照料的金控怪胎存在的原因不是為了綜效之發揮（Synergy）而是在培育另一危害人民的怪獸，那為何不早早將之清除，反而要浪費人民之血汗錢去成立金融重建基金來避免金融風暴的發生呢？殊不知現今之金融問題如此嚴重乃是因為金融機構授信過於粗糙、內控過於寬鬆、業務人員太不專業、業者之目標策略不當及授信戶掏空資產之手段無所不用其極，導致全國人民均受到傷害，尤其是其誤信假性專業從業人員之客戶所受之損失更大。例如許多銀行業者成立金融租賃公司的主要目的均為：1.承受母銀行之大金額壞帳，以降低母銀行之逾放；2.為母銀行股票護盤，以提高母銀行股價。試問此種有損其專業形象行為之正當性為何？

希望目前銀行業急欲成立之資產管理公司（Asset Management Corporation）可拋棄此包袱。因此如何強化內、外部風險控管及培養真正專業之財務規劃設計顧問便成為金融控股公司首要之務，其方法不是考幾張証照就可以達到的。

　　另外當我們在分析公司行號之財務報表時，針對某些大額個人借款或連帶保證人之個人（家庭）資產負債表、損益表及現金流量表之評估是否可行，也是一值得深思的問題。

　　此書之目的在讓金融從業人員下定決心，花更多之精神了解市場金融商品之差異及其精神所在，據之建立為公司奉獻、為客戶規劃之服務導向，而不是業績導向，需知專業的服務不僅可帶來業績，更可帶來榮耀與尊嚴；同時此書也可提供有志為財務人（Financial Guy）之人一盞明燈。

黃怡仁／Erick Y.R. Huang　謹致

中華民國九十一年九月十一日

目次

第一篇

龐大之市場需求

目前市場充斥業務導向之非專業財務專員，致使投資人做了不適當之投資決策；輕者尚可保本，重者血本無歸，再加上外部董監事之設立需求；因此一個類似三師之專業行業（財務設計顧問）便待催生。試想（一）當自然人投資者無法分析投資訊息、不了解金融商品、不知何謂風險管理、不清楚稅務規範、未計入所得替代率之退休規劃；此時一個不合格之業務專員如何能秉持互惠互利之原則，依投資者之風險迴避程度進行較適當之投資規劃。（二）當一法人主事者不清楚籌資管道、不了解金融商品、不從事風險規避之規劃，其財務人員如何能依公司之營運規劃及因應不同之景氣循環和產品週期進行階段性之資金需求規劃及監控帳務週期與會計報表。

投資人進行投資之誘因不外乎：（1）保本、規避通膨及維持資產穩定成長；（2）以小資本搏取大收益。因此投資人如能先了解個別投資商品之操作理念及其差別後，再與所謂投資顧問討論投資方向，方能確保投資收益及累積投資實戰經驗。

因此，財務設計顧問（Financial Designer）為因應兩岸加入 WTO 之衝擊、金融機構合併之競爭、電子商務之盛行、兩稅合一之影響而產生之全方位財務設計顧問，目標為將理財 A/O 提升為真正的 F/D（One-Stop-Shopping）及讓公司之財務人員成為公司之

靈魂人物，而不再只是支援人員。F/D 努力具備之產品知識如下：

一、基金：**了解產品之市場差異與投資組合。**

　　國內基金：股票型、平衡型、債券型（了解其主要投資組合）。

　　海外基金：股票型、貨幣型（了解其目標市場、投資組合及計價幣別）。

二、外匯：**主要貨幣之趨勢分析。**

　　分析美金、歐元、日幣、台幣何者為強勢貨幣。

　　基本外匯產品交易流程及規章。

三、節稅規劃：**兩稅合一、贈與稅、房屋稅、土地增值稅之建議。**

　　透過零稅率之投資利得收入，增加公司之稅後所得。

　　透過不動產稅負扣抵之應用，降低稅負支出金額。

四、房貸：**了解各式產品之特性。**

　　根據不同客戶之需求，給予最適當之房貸產品建議。

五、直接金融產品：**了解初級與次級市場之產品。**

　　商業本票、（有擔保、無擔保、可轉換）公司債、公債、金融債券、存託憑證。

六、間接金融產品：**了解銀行之授信產品。**

　　台、外幣授信之要求重點及流程。

七、人身保險：**了解各式產品之適合族群。**

　　儲蓄保險：適合嬰、幼兒（一年保額不逾一百萬元）。

　　　　死亡受險：背負家庭生計者。

　　　　醫療險：分重大疾病及慢性病。

　　　　意外險：團體保險之保費較低（如信用卡）。

八、**產物保險：了解火險、車險、水險之要點。**

　　　　了解現金價值、重置價值與投保金額之差異。

　　　　甲、乙、丙式車險之差異及其細項。

　　　　A、B、C 水險之差異。

九、**電子金融：了解網路運用及電子交易。**

　　　　B2B、B2C、SET、SSL、FEDI、ERP、EC。

十、**股票：了解技術分析及基本分析工具。**

　　　　了解 K 值、D 值、RSI、P/E、價量變化及財報分析。

十一、**期貨：了解期貨之產品與風險。**

　　　　了解台指及避險與投機之操作差異。

十二、**存款：了解各式產品之內外部成本及流程。**

　　　　聯行息、存款準備率、存保、開戶表格及存提款
　　　　規定。

十三、**信用卡：了解各通路及計息方式之差異。**

　　　　失卡保障、現金回饋、起息時間、循環利率、本
　　　　金計息差異。

十四、**法律：**

　　　　贈與、繼承、民法總則、物權債篇。

　　　　信託業法：資產證券化、貨幣型共同基金信託。

十五、**海外投資、避險管道：**

　　　　免稅天堂、OBU。

第二篇

提升市場供給之競爭力

目前金融市場由於過度業務導向及非市場導向之業績目標，使得所謂之財務規劃顧問不僅不願設計真正符合客戶需求之投資策略，甚至常因專業性不足而導致客戶無端之損失；切記要常設身處地幫客戶著想、規劃，把客戶的血汗錢當做自家人的錢來重視。

　　下述分析工具知識之養成，目的在透過創造財務規劃顧問供給能力來提高客戶之需求：

一、基本分析的架構

　　基本分析主要是以影響股價的經濟因素為主。

　　1. 市場分析：先了解總體經濟的環境，如經濟成長率、物價水準、貨幣供給額、利率水準、匯率的升貶及經常帳和資本帳的順（逆）差情況，然後依照其指標意義作進一步的市場評估，預測市場的未來趨勢與發展，然後選擇具有發展潛力的產業種類。

　　2. 產業分析：認識產業之特性，如生命週期、景氣循環、獲利與風險程度、在大環境中扮演何種角色與地位、與政府政策的關係及會受那些社會因素所影響；其次分析產業的上中下游關係，從中選擇最具發展潛力的產業。

　　3. 公司分析：蒐集公司的相關資訊，如公開的財務報表、經營管理制度、領導人的特質、以往股利之分配、公司股東的組成及公司在產業中所扮演的角色與地位，評估該公司值不值得投資。

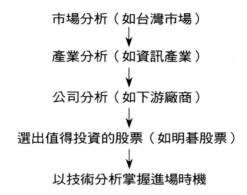

市場分析（如台灣市場）

產業分析（如資訊產業）

公司分析（如下游廠商）

選出值得投資的股票（如明碁股票）

以技術分析掌握進場時機

二、投資決策流程

　　投資人需根據其投資目標、風險承擔能力、投資金額多寡設定投資政策；其次透過了解各種證券的特性及選擇適當的評價工具來估算証券之目標價；利用基本分析及技術分析來注意資產選擇、市場時機選擇及多角化問題以進行投資組合的建構；另隨著時間的改變，投資人可能改變其投資目標，或組合中某些証券的吸引力改變了，此時便需調整其投資組合；最後則定期對其投資的表現加以評估、衡量，以降低不確定因素之風險。

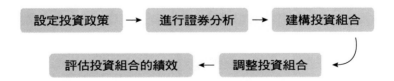

設定投資政策　→　進行證券分析　→　建構投資組合

評估投資組合的績效　←　調整投資組合

三、財務經理人的決策工作

　　財務經理所需管理的是現金流量的來源與去處，除了儘可能以較低的成本取得資金外，並應將資金作最有利的運用，以達成讓股東財富極大化的財務管理目標；財務經理之四大主要工作任務，分析如下：

　　1. **資本結構政策**：搭配合適比例的權益與負債資金以降低資金成本，同時需注意長、短期負債比之流動性風險。

　　2. **資本預算規劃**：尋找、評估有利於公司價值的長、短期投資計劃，並對可能發生之現金流出、流入量預作規劃。

　　3. **營運資金管理**：包括日常營運中必要的消極、積極資金調度，除做有效之短期收益投資外，更需避免週轉不靈之情形發生。

　　4. **決定股利政策**：根據資金成本及對股票市價之影響，決定對股東最有利的盈餘分配方式，於股票股利和現金股利中作一選擇；即是決定將保留盈餘「作再投資用」或是「作現金股利發放」。

四、股票承銷價格公式

　　此公式除可作為股票承銷價格訂定依據，也可作為投資標的目標價格評定之參考。

承銷股票價格＝A×40％＋B×20％＋C×20％＋D×20％

A：公司每股稅後盈餘×最進3年度之平均本益比。

B：公司每股股利÷最進3年度之平均股利率。

C：最近一期之每股淨值。

D：預估每股股利÷1年期之定期存款利率。

五、購併（M&A）

購併是蒐購（Acquisition）、合併（Merger）之簡稱。蒐購是A公司以現金或換股的方式買下B公司，通常A公司為存續公司，且通常發生於兩家公司規模差距甚大之情形；合併則為公司間之合併，A或B皆可為存續公司，且通常發生於兩家公司規模相當之情形；但小公司也可能蒐購大公司，如荷商荷蘭銀行（ABN－AMRO）之合併案例。企業購併之考量有（1）綜效（Synergy）之考量：規模經濟、垂直整合、經營效率、市場佔有率；（2）租稅之考量：抵扣所得稅、處置閒餘資金。企業計算被併公司之合理價值之評價方法有三：

評價方法	優點	缺點
現金流量折現法	適合成長型企業，以評量購併在未來產生之效益。可做敏感性分析，了解資金成本、現金流量等因素對購併之影響。	技巧較為複雜，易生誤差。
帳面價值調整法	適合看上目標公司之資產清算價值時。	無法反應成長型企業之真正價值。
市場比較法	了解其他購併者之出價、市場上對目標公司之客觀評價。	忽略公司及購併案間的隱性差異、及它案之機密資料不易獲得。

　　總而言之，通常只有被併公司的股東才是真正贏家，而主併公司的股東並不會因而產生較大之收益；另購併前目標公司之抗拒有：（1）訂定特殊的公司章程、（2）吞食毒藥丸（Poison Pills）—賣回選擇權（Put Option）、黃金降落傘（Golden Parachute）。購併後目標公司之抗拒有：尋找白馬騎士（White Knight）、白馬護衛（White Squire）、給予綠色郵件（GreenMail）、反購併、負債重組、資產重組、買回股票等。

第三篇

金融商品實務

金融市場的意義在於將市場的資金由剩餘單位透過各種金融工具（Financial Instrument）的買賣，順利的流向資金不足的單位。資金的供給與需求互相會合，而決定資金的價格之總體活動場所。一個經濟體系內，金融市場的種類有很多種，若以市場架構分則是由貨幣市場（Money Market）、資本市場（Capital Market）、外匯市場（Foreign Exchange Market）、及衍生性金融商品市場（Derivative Securities Market），四大市場組合而成；若以市場交易層次分則為初級市場（Primary Market）及次級市場（Secondary Market）組合而成；若按資金籌措方式分則是由直接金融市場（Direct Financial Market）及間接金融市場（Indirect Financial Market）組合而成。

下述資料可讓讀者進一步了解金融市場之組成：

一、貨幣市場

是指提供一年期以下之短期金融工具交易之市場。貨幣市場內包括短期票券市場及金融同業拆款市場。主要功能在協助短期資金之融通，創造貨幣價值。貨幣市場之主要交易工具比較如下：

名稱	乙種國庫券（TB）	融資性商業本票（CP2）	銀行承兌匯票（BA）	銀行可轉讓定期存單（NCD）
期限	分 13、26、39、52 週四種	一年以內	180 天以內	一年以內
條件	以貼現方式標售	金融機構保證，國營事業除外	須據實際交易行為	不得中途解約
費用		貼現息、保證費、簽證費、承銷費、交割費	貼現息、承兌費	

註 1.國庫券發行價格 $= \dfrac{面額}{1+得標利率 \times 發行天數／365}$

註 2.商業本票發行價格

　　＝承銷價格－保證費－簽證承銷費－結算交割服務費

　　＝發行金額×（1－貼現率×發行天數／365）－發行金額

　　　×保證費率×發行天數／365－發行金額×0.28%×發

　　　行天數／365－發行金額×0.038%×發行天數／365

　　＝發行公司實得金額

二、資本市場

　　是指一年期以上之中長期金融工具交易的市場。資本市場包括股票市場及債券市場。主要功能為促進資本流通與形成。其兩大交易工具為：1.債權金融工具（如債券）；2.股權金融工具（如股票）。

註 1：公債標售方式有三：

　　　1.複式價格標：依得標價格換算出加權平均得標利率；

　　　2.荷蘭標：一律以最低得標價格作為唯一的發行價格；

　　　3.利率標：依加權平均得標利率之次半碼作為票面利率。

　　櫃買中心於 2002 年 12 月 5 日實施公債發行前交易（When-Issued Trading）讓公債發行前八個營業日起至前一營業日止，可在市場上進行買賣以減輕交易商的投資風險與提高標購意願。

三、外匯市場

　　是指提供外國貨幣買賣的場所，是聯繫國內外金融市場的橋樑，臺灣為一國內性外匯市場，因此市場之交易僅有美金對台幣之交易，至於其它非美金之雜幣報價均是依國外貨幣對美金之匯率交差換算而得（Cross Rate）。外匯市場交易時間為 AM9：00－AM12：00 及 14：00－16：00；每一交易單位為一支（USD1 百萬元），目前交易場所有台北及亞太外匯經紀公司；而央行之操作仍以於前者進出為主。其主要交易工具為即期交易（Spot－即指 2 天內交割者）、遠期交易（Forward）及換匯交易（Foreign Exchange）；主要功能是調節外匯的供需，並提供企業避險及套利的管道。外匯報價有直接報價法及間接報價法二種；前者即以一單位外幣折合多少單位的本國通貨來表示匯率的方法，如新台幣；後者即以一單位本國通貨折合多少單位的外幣來表示匯率的方法，如歐元、英鎊、南非幣、澳洲幣及紐西蘭幣。下表列出歐元與其區內各貨幣之固定匯率（EURO Locking Rates）：

	＝40.3399	BEF	Belgian Franc	比利時法郎
	＝1.95583	DEM	Deutsche Mark	德國馬克
	＝166.386	ESP	Spanish Peseta	西班牙幣
	＝6.55957	FRF	French Franc	法國法郎
	＝0.787564	IEP	Irish Punt	愛爾蘭幣
1 EUR	＝1,936.27	ITL	Italian Lira	義大利里拉
	＝40.3399	LUF	Luxembourg Franc	盧森堡法郎
	＝2.20371	NLG	Netherlands Guilder	荷蘭幣
	＝13.7603	ATS	Austria Schilling	奧地利先令
	＝200.482	PTE	Portuguese Escudo	葡萄牙幣
	＝5.94573	FIM	Finland Markka	芬蘭幣

　　另為評估本國貨幣之合理性，經建會以 81 年為基期，選取 17 個提供與我雙邊貿易比重較大之國家貨幣為通貨籃，計算出一實質有效匯率指數，基期指數定數為 100，若指數大於 100，表示貨幣價位被高估，該幣值應貶值（Depreciate）；反之，若目前指數小於 100，該幣值應升值（Appreciate）。

實質有效匯率指數
＝（美元／台幣匯率）×（美國與台灣的貿易額／台灣的貿易總額）×（美國躉售物價指數／台灣躉售物價指數）＋（馬克／台幣匯率）×（德國與台灣的貿易額／台灣的貿易總額）×（德國躉售物價指數／台灣躉售物價指數）＋……。

四、衍生性金融商品市場

　　是指由現貨商品衍生發展出來的交易，其權利義務不採即時交割，而是在未來的某時點交割，買賣雙方以契約形式規範其權利義務。主要交易工具為遠期（Forward）交易、期貨（Futures）交易、選擇權（Option）交易及金融交換（Swap）交易。主要功能在規避現貨交易所產生的風險，提供現貨與期貨價差套利及投資標的物未來價格的預測。

　　1. 認購權證（Warrant）：係指標的證券發行公司以外之第三者所發行一定數量特定條件的有價證券，投資人付出權利金持有該證券後，有權在某一特定期間（美式）或特定時點（歐式），按一定之履約價格巷向發行人買進（認購權證）或以現金結算方式收取價差。對投資人而言，若未來標的股票市價高於執行價格及認購權證的購買成本，則其便產生獲利；但相對如標的股票市價低於執行價格，則其便可放棄認購權。認購權證可作為投資人投機或避險的工具，但如其市場流動性不足，便會影響其投資收益。交易費用方面，投資人買賣須負擔千分之 1.425 手續費及千分之 1 證交稅。當投資人行使履約時，若為實務交割，則由發行者負擔千分之 3 證交稅；若為現金交割，發行者與投資人均需支付證交稅（投資人按認購價格，發行者按標的物市價課徵）。此外，當投資人買進超過 100 張時，須繳交交易價 3 成的

保證金，賣出超過 100 張則須全部圈存，以確保交易安全性；認購權證持有者，並未真正持有股票，因此無法參與現金股利的發放。

■影響認購權證價格之變動表：

影響因素	標的股價	執行價格	到期期間	標的股價的波動性	利率水準	現金股利
影響方向	＋	－	＋	＋	＋	－

A.購買時機

　　基本上權證之走勢應與股票相同，報酬率變動的幅度更大。但權證含有時間價值，隨著時間一天天消逝，權證的價值便一天天被侵蝕。所以權證的最佳買點在行情的起漲點或反彈點，切記「看好就買，看壞就跑」，千萬不可因判斷錯行情，而長抱權證，因至到期日若無履約價值時，權證的價值將為 0。所以投資人於操作權證時，應謹慎善設停損點。

B.應注意事項

　　（一）初次購買認購權證前，務必先填寫風險預告書。

　　（二）權證價值會隨時間流逝，因此不適合作長期投資。

　　（三）投資權證前，最好先觀察該權證之發行券商，是否積極扮演造市者（market maker）的角色，因為這關係到該權證之流動性，以及權證價格之合理性。

（四）在絕大多數的情況下，權證不適合提前履
　　　約。主要原因是權證除了履約價值之外，尚
　　　包含時間價值，所以一旦提前履約，等於是
　　　自行放棄時間價值的部分；其次，權證之交
　　　易稅為千分之一，而履約時投資人需繳交標
　　　的股票價格千分之三的交易稅。相較之下，
　　　要求履約不如直接在集中市場將權證賣掉。

（五）權證可認購標的股股數，即行使比例，會受
　　　到標的股除權及現增等因素而改變，並非永
　　　遠是一比一；而權證之履約價也會因為除
　　　權、除息、現增、甚至重設等因素而被調整。

C.認購權證的價格與標的股票價格的連動性

　　在介紹認購權證的價格與標的股票價格的關係之
前，我們先解釋三個相當重要的名詞：Delta、名目槓桿
倍數與有效槓桿倍數。

一、Delta
　　＝DC（權證價格變動差額）／DS（股票價格變動差額），
二、名目槓桿倍數
　　＝S（股票價格）／C（權證價格），
三、有效槓桿倍數
　　＝（S／C）× Delta＝名目槓桿倍數× Delta。

　　接下來，我們經由舉例來說明權證與股票之價格連
動關係。假設某檔權證之價格為 25 元，其標的股價格為

100 元，Delta 為 0.6。此處 Delta＝0.6 意義為:股票上漲 1 元時，理論上權證應當上漲約 0.6 元。名目槓桿倍數：100/25＝4 倍而有效槓桿倍數:100/25×0.6＝2.4 倍。有效槓桿倍數表示股價上漲 1%時，權證合理的上漲幅度為 2.4%。

D.認購權證的購買程序

一、發行認購

（一）向發行權證券商營業櫃檯提出申購。

（二）提供申購人於任何一券商開戶之集保帳號，以利未來權證劃撥入集保之用。

（三）初次購買權證需簽具「風險預告書」。

（四）依發行券商之規定於繳款期間內繳交認購價金。

（五）權證發行至上市前（至少約有 10 個營業日）無法買賣權證。

（六）於上市日，權證將會統一劃撥入集保。

二、上市後權證買賣

（一）買賣方式：與股票買賣大同小異。

（二）風險預告書：初次買賣權證需簽具「風險預告書」。

（三）集保：權證買賣一律由集保辦理劃撥，持有人不得申請領回權證。

（四）買賣委託：因權證撮合方式採集合競價，與

上櫃股票相同，以「市價」委託容易「買在漲停、殺在跌停」，故買賣應以「限價」委託。

（五）信用交易：權證不得融資、融券，當然也不可當日沖銷。

（六）手續費與交易稅：

		手續費	交易稅
權證上市交易		1.425‰	1‰
履約	證券給付	1.425‰（履約價金）	發行人：3‰（履約價金）
	現金結算	1.425‰（履約價金）	發行人：3‰（履約價金）持有人：3‰（結算價金）

（七）最後交易日：權證到期日前第二個營業日為最後交易日，若權證仍具有履約價值，則於到期日前應請求履約，否則權證將於到期日後自動消失。

E.認購權證的漲跌幅計算方式

股票漲跌幅：以前一日收盤價上下 7%，為股票之漲跌停限制。

權證漲跌幅：以標的股票漲跌幅金額乘上行使比例，作為權證之漲跌幅限制。

一、個股型權證

漲跌停價＝前一日權證收盤價±（標的股票漲停價－開盤參考價）×行使比率

例如：88/10/19 收盤權證 01 之價格為 25 元，行使比例為 1:1.15，標的股票 A 的收盤價為$100。下表為該權證與股票 A 於 88/10/20 之漲跌停價格。

	88/10/19 收盤價	漲跌停幅度	漲跌停價格	%
股票 A	$100	$7	107/ 93	± 7%
權證 01	$25	$7×1.15＝$8.05（四捨五入至＄8）	33/17	±32%

二、組合型權證

漲跌停價＝前一日權證收盤價±（標的股票漲停價－開盤參考價）最大者×行使比率

例如：88/10/19 收盤 權證 02 之價格為 25 元，行使比例為 1:1.1，標的股票 A 的收盤價為$20，B 的收盤價為$300。下表為該權證與股票 A、B 於 88/10/20 之漲跌停價格：

	88/10/19 收盤價	行使比例	漲跌停幅度	漲跌停價格	%
股票 A	$20	0.6	$1.4	21.4/19.6	± 7%
股票 B	$300	0.5	$21（最大者）	321/279	± 7%
權證 02	$25	0.5	$21×1.1＝$23.1	48.1/1.9	± 92.4%

　　2. 可轉換公司債（Convertible Bonds）／可交換公司債（Exchangeable Bonds）：CB 所有者或債權人可按時支領固定利息，債券到期時收回本金；同時在發行一段時間後，公司債所有者有權向公司申請依契約約定的轉換價格或轉換比率，將公司債轉換成普通股股票；CB 可分拆為 Option+Floater；CB 具有降低利息支付的功能，且票面利率均低於計算債券價值時所使用的折現率；CB 發行時常會針對公司人力考量或安定股價而訂定強制換股條款或強制贖回條款；EB 通常轉換標的為其關係企業股票。另海外可轉換公司債（EuroConvertible Bonds），對發行公司而言尚可擴大投資階層，並可建立國際知名度；但除利率水準之考量外，尚需考慮匯率之影響。最後提醒發行公司發行可轉換公司債之金額加計實收資本額，不得超過帳列資本額。CB 發行後於櫃買中心交易，免徵證交稅且僅收 0.1% 券商手續費。

■影響可轉換公司債價格之變動表：

影響價格因素	標的物股票價格	轉換價格	轉換期間	凍結期間	股票的波動性	股息	利率
影響方向	＋	－	＋	－	＋	－	不確定

　　3. 期貨契約（Future Contract）：期貨市場由契約雙方約定在未來的特定時點，以特定價格來買賣特定商品，為確保交易雙方能夠履行契約，在交易成立後，雙

方都要繳交保證金，以作為未來交割（Delivery）的保證，此為原始保證金（Initial Margin），通常為整筆交易金額的 5%；另為維護交易者的權益必須維持的保証金額度，此為維持保証金（Maintance Margin），通常為原始保證金的 75%，當保證金因每日期貨價格的變化而低於維持保証金時，便會收到經紀商的保証金追繳通知（Margin Call），並補足與原始保証金的差額。期貨市場 3 大功能為避險、價格發現及投機功能；2 大類為商品期貨與金融期貨。其中以股價指數期貨（Stock Index Future）與股票現貨市場之關係較為緊密，股價指數期貨的價格是由指數乘以契約單位金額而得。

　　國內衍生性金融商品種類開放腳步逐年加快，讓投資人可在不同的盤勢情境下，有效透過各種投資工具，如加權、電子、金融指數期貨，可轉換公司債，可轉債之換股權利證書，以及台指選擇權和迷你台指期貨，甚至茂矽曾經發行過的指數連動型債券，利用它們各自獨立的產品特性，在不同的盤勢中做投資、避險、甚或套利的使用。而這些商品都具有進可攻、退有守的策略運用特性。

台指期貨合約內容

1.合約內容：

（1）存在契約：連續兩個近月及三個季月，以 2001
年 12 月為例，目前存在的台指期貨契約分別
為本年度的 12 月、1 月，以及 2002 年的 3
月、6 月、及 9 月五種，不過通常遠月份期約
（如 2002 年 9 月）的成交量遠較近月份期約
為低（如 2001 年 12 月），流動性是進行投
資時最主要的考量。

（2）最後交易日：每月的第三個星期三。

（3）到期日：最後交易日的隔一營業日（T＋2 日）。

（4）結算價格：到期日當天的開盤指數（採特別
報價，即 15 分鐘內未成交者以開盤參考價計
算指數）。

（5）合約價值：每點 200 元，以 5,200 點計算，每
口期約價值為一百零四萬元。

（6）原始及維持保證金：目前台指期約的原始及
維持保證金分別為 14 及 11 萬元。原始保證
金是買賣期約最低的投入資金限制，而當投
資虧損導致保證金餘額低於維持保證金時，
投資人必須補足至原始保證金的水準，否則
將被斷頭出場。舉例來說，假設某君於期貨
戶頭存入 14 萬元，並在 5,200 點買進一口 12

月期約，當該期約隨著現貨指數跌到 5,000
點時，由於虧損達四萬元（合約價值每點 200
元），10 萬元餘額已低於維持保證金的要求，
因此該君必須再存入 4 萬元以上，以免被強
制停損出場。

（7）交易時間：目前為 9:00 至 12:15，比現貨多出
15 分鐘的交易時間主要是提供投資人在建立
完股票部位後，仍有充分的時間可以決定是
否要透過期貨進行避險。

另外，電子和金融指數期貨的合約價值分別
為每點 4 千和 1 千元，原始保證金分別為 16
萬和 9 萬，維持保證金則分別為 13 萬和 7 萬，
至於其他合約規格和上述台指期約相同。

在投資指數期貨時，如果不是因為避險或套利的目
的進場者，而是只做單邊的買賣時，應非常留意其槓桿
倍數效果，以 14 萬元投資價值百餘萬的台指期約而言，
槓桿倍數達 7 倍之多，善設停損點成為進場前最重要的
功課之一，切忌硬拗，否則有可能贏十次不夠賠一次。
對於善用期貨的法人來說，其實避險才是進出期貨的主
要動機，當然也不排除部份法人或自然人可能做些套利
或其他交易策略，因此，在下一次內容當中筆者將針對
期貨的避險功能進行剖析。

台指

「發行量加權股價指數」計算方式係以民國五十五年之股票市場市值為基期（設定為 100 點），除特別股、全額交割股及上市未滿一個月之股票外，其餘皆包含在其採樣中。臺灣發行量加權股價指數是以各上市股票之發行量為權數計算指數值，換句話說，股本較大的股票對指數的影響會大於股本較小的股票，其計算公式如下：

$$\frac{計算期之各股市價 \times 各股上市股數}{基數之各股市價 \times 各股上市股數}$$

■目前發行量加權股價指數之產業分類及其比重如下

電子類	55.93%	食品類	1.01%
金融類	17.57%	電器電纜類	0.90%
塑膠類	5.28%	百貨貿易類	0.90%
紡織纖維類	3.58%	水泥類	0.82%
鋼鐵類	2.97%	橡膠類	0.78%
其他類	2.18%	營造建材類	0.74%
運輸類	2.03%	造紙類	0.38%
汽車類	1.69%	玻璃陶瓷類	0.34%
化學工業類	1.40%	觀光類	0.12%
電機機械類	1.39%		

交易所	台灣期貨交易所（TAIFEX）				
商品名稱	台指期貨	小型台指期	電子期貨	金融期貨	台灣 50 期
商品代碼	TX	MTX	TE	TF	T5F
指數取樣	所有各股	所有各股	所有電子類股	所有金融類股	50 支成份股
撮合方式	電子撮和	電子撮和	電子撮和	電子撮和	電子撮和
契約價金	指數 × NT$200	指數 × NT$50	指數 × NT$4000	指數 × NT$1000	指數 × NT$100
升降單位	1 點＝ NT$200	1 點＝ NT$50	0.05 點＝ NT$200	0.2 點＝ NT$200	1 點＝ NT$100
期交稅	契約價金 0.25‰（買賣皆需期交稅）				
漲跌幅限制	前日收盤價的 ±7%				
契約月份	兩個連續近月份及最近三個季月				
最後交易日	各到期交割月份的第三個的星期三				
最後結算日	最後交易日之次一營業日				
最後結算價	以最後結算日臺灣證券交易所依本指數各成分股開盤十五分鐘為基礎，先計算出該段時間內各成分股之成交量加權平均價，再予以訂定最後結算價 。				
交割方式	以現金交割（新台幣），交易人未平倉部位依最後結算價計算差額，以淨額進行現金之交付或收受。				
下單種類	限價單、市價單				
交易時間	週一～週五：8：45AM~1：45PM				
部位限制	1.自然人 　2,000 口 2.法人機構 　4,000 口	1.自然人 　2,000 口 2.法人機 　構4,000 　口	1.自然人 　400 口 2.法人機 　構1,000 　口	1.自然人 　600 口 2.法人機 　構1,200 　口	1.自然人 　300 口 2.法人機 　構1,000 　口
	3.申請避險需求之法人機構無限制 4.期貨自營商之持有部位不在此限				
				更新日期　2005-06-07	

■加權指數重要個股權值分配表

代號	名稱	權值	代號	名稱	權值	代號	名稱	權值
2330	台積電	9.99%	2808	北商銀	0.37%	2833	台壽保	0.16%
2412	中華電	4.50%	1216	統一	0.36%	2332	友訊	0.15%
6505	台塑化	3.97%	2615	萬海	0.36%	2854	寶來證	0.15%
2317	鴻海	3.92%	2885	復華金	0.36%	2394	普立爾	0.15%
2882	國泰金	3.66%	1101	台泥	0.36%	3007	綠點	0.15%
2303	聯電	2.94%	9904	寶成	0.35%	2377	微星	0.15%
2002	中鋼	2.30%	2344	華邦電	0.34%	2903	遠百	0.14%
1303	南亞	2.29%	2204	中華	0.34%	9917	中保	0.14%
1326	臺化	2.12%	2371	大同	0.33%	2312	金寶	0.14%
1301	臺塑	2.05%	1605	華新	0.31%	2849	安泰銀	0.14%
2409	友達	1.89%	1802	台玻	0.31%	2820	華票	0.14%
2881	富邦金	1.83%	1102	亞泥	0.31%	2014	燁隆	0.14%
2886	兆豐金	1.76%	3019	亞光	0.30%	1504	東元	0.14%
2357	華碩	1.64%	1722	台肥	0.29%	1710	東聯	0.14%
2454	聯發科	1.54%	2207	和泰車	0.29%	1319	東陽	0.13%
2891	中信金	1.51%	2347	聯強	0.29%	1907	永豐餘	0.13%
3009	奇美電	1.40%	2401	凌陽	0.28%	2855	統一證	0.13%
2382	廣達	1.29%	2834	臺企銀	0.28%	2023	燁輝	0.13%
3045	台灣大	1.06%	2606	裕民	0.26%	2015	豐興	0.12%
2892	第一金	1.04%	2315	神達	0.25%	2328	廣宇	0.12%
2883	開發金	1.02%	2105	正新	0.25%	3035	智原	0.12%
2880	華南金	1.01%	2356	英業達	0.23%	1451	年興	0.12%
2353	宏碁	0.88%	2474	可成	0.23%	2446	全懋	0.12%
2887	台新金	0.86%	8078	華寶	0.23%	2856	元富證	0.12%

2324	仁寶	0.76%	2388	威盛	0.23%	2411	飛瑞	0.12%
2475	華映	0.72%	2391	合勤	0.22%	2331	精英	0.11%
2311	日月光	0.70%	2384	勝華	0.22%	2822	農銀	0.11%
1402	遠紡	0.68%	3051	力特	0.21%	2006	東鋼	0.11%
2408	南科	0.63%	2327	國巨	0.21%	2838	聯邦銀	0.11%
2801	彰銀	0.63%	2349	錸德	0.21%	2605	新興	0.11%
2888	新光金	0.63%	2342	茂矽	0.21%	2812	台中銀	0.11%
2301	光寶科	0.62%	2889	國票金	0.21%	2607	榮運	0.11%
2308	台達電	0.60%	2337	旺宏	0.20%	9921	巨大	0.10%
2352	明基	0.57%	2845	遠東銀	0.20%	1314	中石化	0.10%
2498	宏達電	0.52%	2395	研華	0.19%	3044	健鼎	0.10%
2884	玉山金	0.48%	2418	雅新	0.19%	9910	豐泰	0.10%
3012	廣輝	0.48%	2837	萬泰銀	0.19%	1718	中纖	0.10%
2325	矽品	0.46%	2501	國建	0.19%	9907	統一實	0.10%
2609	陽明	0.46%	1434	福懋	0.18%	2526	大陸	0.10%
2890	建華金	0.46%	2807	竹商銀	0.18%	1503	士電	0.09%
2603	長榮	0.45%	3037	欣興	0.18%	2385	群光	0.09%
6004	元京證	0.45%	2379	瑞昱	0.18%	1717	長興	0.09%
2354	華升	0.43%	1520	復盛	0.18%	1440	南紡	0.09%
3034	聯詠	0.42%	2363	矽統	0.17%	2206	三陽	0.09%
2618	長榮航	0.41%	2451	創見	0.17%	2847	大眾銀	0.09%
6116	彩晶	0.41%	2376	技嘉	0.17%	2393	億光	0.08%
2610	華航	0.41%	3008	大立光	0.16%	2495	普安	0.08%
2323	中環	0.39%	2449	京元電	0.16%	2029	盛餘	0.08%
2912	統一超	0.39%	2392	正崴	0.16%	6282	康舒	0.08%
2201	裕隆	0.38%	3231	緯創	0.16%	1729	必翔	0.08%

■SIMEX 摩根台指期貨權值表

代號	名稱	權值	代號	名稱	權值	代號	名稱	權值
2330	台積電	14.34%	1402	遠紡	0.70%	2105	正新	0.27%
2317	鴻海	6.02%	2890	建華金	0.70%	2356	英業達	0.26%
2303	聯電	4.78%	2498	宏達電	0.62%	2376	技嘉	0.26%
2882	國泰金	4.21%	2323	中環	0.59%	2618	長榮航	0.26%
2002	中鋼	3.35%	3012	廣輝	0.55%	2204	中華	0.26%
2409	友達	3.12%	9904	寶成	0.53%	2606	裕民	0.25%
1301	臺塑	2.94%	2344	華邦電	0.52%	2332	友訊	0.25%
1303	南亞	2.84%	1216	統一	0.52%	2854	寶來證	0.25%
2412	中華電	2.61%	2808	北商銀	0.51%	2610	華航	0.24%
2886	兆豐金	2.53%	2354	華升	0.50%	2023	燁輝	0.24%
2454	聯發科	2.37%	2371	大同	0.50%	1802	台玻	0.24%
2357	華碩	2.36%	2609	陽明	0.47%	2395	研華	0.23%
2891	中信金	2.16%	2912	統一超	0.45%	1504	東元	0.22%
1326	臺化	1.81%	1605	華新	0.45%	2394	普立爾	0.21%
2883	開發金	1.66%	2885	復華金	0.42%	2377	微星	0.21%
3009	奇美電	1.64%	2384	勝華	0.40%	3008	大立光	0.21%
2353	宏碁	1.62%	2201	裕隆	0.40%	1907	永豐餘	0.20%
2881	富邦金	1.59%	1722	台肥	0.39%	2312	金寶	0.20%
2892	第一金	1.50%	2347	聯強	0.39%	1710	東聯	0.19%
2382	廣達	1.37%	2327	國巨	0.39%	2501	國建	0.19%
2887	台新金	1.27%	2337	旺宏	0.36%	9915	億豐	0.18%
2324	仁寶	1.21%	2315	神達	0.36%	2411	飛瑞	0.17%
2880	華南金	1.06%	3051	力特	0.36%	9917	中保	0.17%
2311	日月光	1.01%	2349	錸德	0.36%	2313	華通	0.16%

2301	光寶科	0.97%	3019	亞光	0.36%	2331	精英	0.15%
2801	彰銀	0.96%	2603	長榮	0.35%	1434	福懋	0.14%
3045	台灣大	0.96%	1101	台泥	0.34%	2345	智邦	0.14%
2475	華映	0.91%	2391	合勤	0.32%	9921	巨大	0.14%
2888	新光金	0.84%	2418	雅新	0.32%	1451	年興	0.14%
2352	明基	0.82%	1102	亞泥	0.31%	2343	精業	0.12%
2308	台達電	0.80%	2388	威盛	0.31%	1717	長興	0.12%
2884	玉山金	0.78%	1520	復盛	0.31%	1310	台苯	0.12%
6004	元京證	0.75%	2889	國票金	0.30%	1503	士電	0.12%
2325	矽品	0.72%	2379	瑞昱	0.30%			
6116	彩晶	0.71%	2615	萬海	0.28%			

　　新加坡國際金融交易所（SIMEX）係採用摩根史坦利公司（Morgan Stanley）所編制的臺灣指數為藍本進行期貨交易。摩根史 坦利國際資金公司（MSCI）自1988 年起編製摩根台灣指數。此指數是專為反映臺灣整體股市的表現而設計的，代表著臺灣股市呈現 給投資大眾的機會。指數的內容涵括了 77 支於台灣證券交易所掛牌上市的各類大、中、小型企業股票（總值佔整體台灣股票市場的 67%），各股票依其資本加權納入指數。

　　在摩根 77 檔台股指數的選股比重中，金融類股約占 34.22%，材料 24.90%，資本器材 24.83%，消費品7.54%，服務 4.26%，多元工業 4.29%。摩根臺灣指數係一種市值總額加權指數，其計算方法是綜合 Laspeyres

的加權平均計算概念，以及「連鎖掛鉤」的概念。編製
指數的基本方程式如下：

$$指數_t = 指數_{t-1} \times \frac{S\,市值總額_{現在}}{S\,市值總額_{過去}}$$

市值總額現在＝股票 t-1×價格 t×（CUM／EX）
市值總額過去＝股票 t-1×價格 t-1

　　上述的方程式，股票是指在「t」時的有關股票的發
行量。而（CUM／EX）則供調整因資本的變動，諸如
發行附加股，股票稀釋之類不影響指數水平的企業行
動。在分子和分母裡用上一期股票的發行量則可確保股
數的增減變動不會歪曲到指數的水平。此外股息並不包
括在指數的計算之內。

　　（1）交易人於任何時間持有之各月份契約未平倉
　　　　　部位總和限制如下：

	自然人	法人機構
類股指數	300	1,000
小型台指	600	2,000

【附註】法人機構基於避險需求得向期交所申請
　　　　豁免部位限制；期貨自營商之持有部位
　　　　不在此限。

（2）期貨契約與遠期契約之比較表：

項目類別	期貨契約	遠期契約
交割日期	特定日期	由雙方協議
交易方式	在交易所中競價	由雙方協議
商品交割方式	少部份實物交割	實物交割
交易行為之管理	有專門管理機構	由雙方自我約束
交易風險	低	高
保證金之要求	買賣雙方皆要繳交	不需要

（3）股票現貨與台指期貨之比較：

項目	股票交易	指數期貨交易
交易標的	證交所公開發行之股票	股價指數
目的	集資、投資、投機	投資、避險、投機
財務槓桿	融資交易者，槓桿倍數約為二倍。	為保証金擔保履約，槓桿倍數約為10-20倍。
成交量	受流通在外股數限制。	無限制。
到期限制	無到期限制。	到期日後，契約失去價值。
股利	有。	無。
操作靈活性	作空時有融券限制；有當日沖銷限制。	作空與作多手續皆同；可當日沖銷。
每日結算	不需要。	需要，並計算維持保証金。
交易成本	買時支付千分之1.425手續費，賣時支付手續費及千分之3證交稅。	手續費由交易人與期貨商議定之。另買進、賣出時各課千分之0.25期交稅。

交割	T＋2 日辦理款、券交割。	以現金交割。
風險	承擔系統及非系統風險；可長期持有；槓桿倍數小；無短期週轉金之壓力；流動性風險低。	僅承擔系統風險；無法長期持有；槓桿倍數大；有短期週轉金之壓力；流動性風險高。

（4）台灣期交所之股價指數期貨契約分類表如下：

期貨契約	台股期貨	電指期貨	金指期貨	小型台指期貨
英文代碼	TX	TE	TF	MTX
契約價值	指數×200 元	指數×4000 元	指數×1000 元	指數×50 元
升降單位	指數1 點	指數0.05 點	指數0.2 點	指數1 點
交易時間	營業日上午 08：45~下午 13：45			
契約到期交割月份	自交易當月起連續二個月份，另加上三、六、九、十二月中三個接續的季月，總共五個月份的契約在市場交易			
每日結算價	原則上為當日收盤時段之成交價。			
每日漲跌幅	每日最大漲跌幅限制為前一營業日結算價之 7%。			
最後交易日	各契約交割月份之第三個星期三。			
最後結算日	最後交易日之次一營業日。			
最後結算價	以最後結算日各成份股當日開盤價計算之指數訂之。			
交割方式	以最後結算價之差額，依淨額進行現金之交付或收受。			

（5）新加坡摩根台指期貨契約規格說明表：

項目	內容
中文簡稱	摩根台指期貨
英文代碼	STW
交易時間	人工喊價 營業日上午 08：45~下午 13：45 電子盤交易 營業日下午 16：05~下午 19：00
契約價值	SIMEX 摩根台指期貨×100 美元。
契約到期 交割月份	自交易當月起連續二個月份，另加上三、六、九、十二月中三個接續的季月，總共五個月份的契約在市場交易。
每日結算價	原則上當日收盤價以 SIMEX 摩根台指期貨收盤價格訂之。
每日漲跌幅	第一漲跌幅限制為前日收盤價之 7%，第二漲跌幅限制放寬為 10%，第三漲跌幅限制放寬為 15%，但最後交易日則不受漲跌幅限制。
升降單位	指數 0.1 點
最後交易日	合約月份之最後第二個營業日。
最後結算日	最後交易日之次一營業日。
最後結算價	以最後交易日各成份股收盤價計算之指數訂之。
交割方式	以最後結算價之差額，進行現金之交付或收受。

4.遠期契約（Forward Agreement）

　　指交易雙方約定未來某一期間，以預定的價格來保障雙方的契約交易金額。價格的決定除了以市價為基礎外，另需考慮雙方之持有成本差。

5.選擇權（Option）

　　當契約的買方付出權利金（Premium）後，即享有在特定期間內，向契約賣方依履約價格買入或賣出一定數量標的物的權利，買方享有履約之權利而無義務，另賣方則有履約之義務。依種類分為買入買權（Buy Call Option）、買入賣權（Buy Put Option）、賣出買權（Sell Call Option）、賣出賣權（Sell Put Option）；依獲利狀況可分為行使履約權利後能獲利之價內選擇權（In-the-Money）、行使履約權利後產生損失之價外選擇權（Out-of-Money）、及價平選擇權（At-the-Money）。另彩虹選擇權（Rainbow Option）的履約價格由兩種或以上的標的物所組成，而其損益將取決於標的物中對投資人最有利的價格履約。

■下表為影響選擇權價格之主要因素

因素名稱	買權價格的變化	賣權價格的變化
履約價格（K）	－	＋
到期期間（t）	＋	＋
無風險利率（r）	＋	－
標的物價格變動率（σ）	＋	＋

【註】進口商如擔心台幣貶值可採遠匯預購或買入一外幣之買權；反之，出口商如擔心台幣升值可採遠匯預售或賣出一外幣金之賣權。

6.利率交換（Interest Rate Swap）

指交易雙方同意在相同的貨幣下，定期進行利息支付交換，一方支付浮動（固定）利率給另一方，並向另一方收取固定（浮動）利率利息。

7.貨幣交換（Currency Swap）

首先與銀行議定匯價，然後由銀行把等值外幣的新台幣與交易對手交換外幣，到期時再依當初議定的匯率把新台幣交還銀行並取回外幣。

8.資產證券化（Asset Securitization）

提供資產負債表中之應收帳款、應收款項、不動產、機具等作擔保，分為不同之債權群組（Pool），發行有價証券供投資人投資；如REITs(Real Estate Investment Trust Security)，REITs 泛指不動產證券化商品，將持有之土地建物等不動產所有權，切分為較小單位，並轉換為具流動性的受益憑證，再銷售給投資大眾，投資人可以享有不動產所產生之租金收入、處分收入、利息收入；但是當利率上漲時，REITs 會喪失其吸引力，且如產品進行槓桿融資操作時，REITs 便會成為一高波動性之產品。REAT（Real Estate Asset Trust）是先將不動產所有權人之不動產相關權利移轉予受託機構，由受託機構以受益憑證方式公開或私募基金，再將募集資金轉交不動產所有權人。MBS（Mortgage Backed Securities）依照不動產類型可區分為商用不動產抵押貸款證券

（CMBS, Commercial MBS）和住宅用不動產抵押貸款證券（RMBS, Residential MBS）。銀行業者為提高資本適足率。及進行信用風險移轉而發行資產擔保證券（ABS, Asset Backed Securities）或企業貸款債權擔保證券（CLO, Collateralized Loan Obligation）；另證券業者為套利而發行擔保債權證券（CDO, Collateralized Debt Obligation）或債券擔保證券（CBO, Collateralized Bond Obligation）。上述證券以可透過短期票券方式循環發行，稱為資產基礎商業本票（ABCP, Asset-Baked Commercial Paper）。

9.次順位金融債券（Subordinated Financial Debenture）

　　銀行發行中長期次順位金融債券可列為第二列資本；除可強化資本適足率外，如應用得當，更可增加EPS；其求償順序次於一般債權人，但優於特別股及普通股。

10.高息票券（Equity-Linked Notes, ELN）

　　高息票券是以票券形式發行的高收益投資工具，所爭取的收益率以倍數高於一般貨幣市場工具所提供的無風險利率；高息票券的回報，最終將取決於與票券連結的相關資產表現；常見的架構有 Bull ELN、Bear ELN、Strangle ELN、Knock-Out Bull ELN。台灣另有與現股連結之 ELN，在股票低檔時，投資人承受股票之機會不大，但享受每期 2 位數年報酬率之機會頗大。

11.連動債券（Structural Note）

　　連動債一般以零息債券為投資標的，並以零息債券折價的部份投資權證或是選擇權等衍生商品，以賺取利潤；但投資人必須承受匯率風險、流動風險及相關費用。

12.指數股票型基金 ETF（Exchange Traded Fund）

　　ETF 就是一種在證券交易所買賣，提供投資人參與指數表現的基金，ETF 基金以持有與指數相同之股票為主，分割成眾多單價較低之投資單位，發行受益憑證。ETF 這項商品包含了兩大特色，第一是其必須於集中市場掛牌交易，買賣方式與一般上市上櫃股票一樣，可做融資買進與融券放空策略，不管多頭或空頭都可投資。第二是所有的 ETF 都有一個追蹤的指數，ETF 基金淨值表現完全緊貼指數的走勢，而指數的成份股就是 ETF 基金的的投資組合。

13.美國存託憑證（ADR, American Depository Receipt）

　　發行公司提供一定數額股票寄於美國的保管機構，並委託存託銀行代為發行表彰該公司股份之權利憑證。例如：台積電 ADR 某日收盤價為 USD10.28 元、匯率為 30.319、每單位 ADR 表彰 5 股台積電股份、台積

電股價為 NTD64.1 元，則其 ADR 折價 2.75%【（(10.28
×30.319÷5)-64.1）÷64.1】。

五、股票市場

　　股票是由股份有限公司募集資金時，發行給出資
人，以表彰所有權的有價証券，通常面額以一股十元為
單位，一張股票有一仟股，新公司法通過准予發行面額
10 元以下之股票，但證交法尚未有明確之施行細則出
爐。當公司發配現金股利給股東時，稱為除息；當公司
發配股票股利給股東時，稱為除權。買股票時需支付千
分之 1.425 的手續費；賣股票時需支付千分之 1.425 的
手續費及千分之 3 的証交稅，且賣掉手中持股時是否獲
利，除了價格因素外，尚須扣除手續費、證交稅及動用
資金之機會成本（成本高低，因人而異）。另有關停損
點、停利點之設定大多設為股價往下探 10-20%認賠殺
出及股價往上升 20-30%獲利了結。但如投資標的屬大
型權值股時，則可採加權指數設定法；即如目前加權指
數為 4,300 點，當認為 4,000 點是支撐點，5,000 點是壓
力點時；4,000 點便是停損點，5,000 點便是停利點。另
未上市股票除了少數幾家即將上市且營運狀況頗佳者
外，由於下述原因，並不建議一般客戶買未上市股票：
資訊不透明、交割風險高、流動性低、無漲跌幅限制。
另需注意外資利用放空期指，同時灌殺現股之手法；及
美國 Nasdaq 收盤和盤後期指漲跌情形。為使初次上市

普通股票價格能充分反應其合理價值並符合市場需求，初次上市普通股票（不含上櫃轉上市者及其他非普通股之有價證券），自上市日起五個交易日，其股價升降幅度為無漲跌幅限制

　　申報買賣價格之升降單位應依照左列規定：

市價 P	股票、債券換股權利證書、受益憑證、股票指數型基金ETF、存託憑證、外國股票、新股權利證書、股款繳納憑、附認股權特別股證等	認購（售）權證	政府公債公司債	外國債券	中央登錄公債	ETF	轉換公司債附認股權公司債
5元≦P＜10元	0.01	0.05					
50元≦P＜100元	0.10	0.50				0.05	
100元≦P＜500元	0.5	1.00					1.00
500元≦P＜1000元	1.00	5.00					5.00
50元≦P＜100元	0.10	0.50				0.05	
P≧1000元	5.00	5.00					5.00

　　集中市場交易時間為星期一至星期五，各項交易皆限當日有效，委託時間與撮合成交時間彙總如下：

各項交易名稱	委託時間	撮合成交時間
普通交易	8:30-13:30	9:00-13:30
普通交易（全額交割）	9:00-13:30	9:00-13:30
盤後定價交易	14:00-14:30	14:30
零股交易	13:40-14:30	14:30 集合競價
鉅額交易	09:30-09:40 11:30-11:40 13:35-13:50	09:30-09:40 11:30-11:40 13:35-13:50
拍賣及標購	15:00-15:30	15:30 以後

　　依證券交易稅條例規定，證券交易稅係向出賣有價證券人，按每次交易成交價格之一定比率課徵：

1. 股票及表明股票權利之證書或憑證，課徵千分之三。
2. 受益憑證、認購（售）權證、存託憑證及其他經政府核准有價證券部分，課徵千分之一。
3. 公債、公司債、金融債券免徵。

六、融資融券實務

　　任一股票要申請作為融資融券交易的標的需符合以下規定：

（1）普通股股票每股淨值在票面以上，並由證交所公告；

（2）可從事融資融券交易的上櫃股票經發行公司

轉上市後，除有股權過度集中的情事者外，即可作為融資融券交易股票，不受上市滿六個月的限制；

（3）非屬櫃檯買賣管理股票及第二類股票的普通股票，上櫃滿六個月，每股淨值在票面以上，且該發行公司符合特別規定者，由櫃檯買賣中心公告；

（4）受益憑證上市滿六個月，由證交所公告。

信用交易必備之開戶條件：

（1）須為滿 20 歲有行為能力的中華民國國民或依中華民國法登記之法人；

（2）開戶滿三個月且最近一年內委託買賣成交達 10 筆以上，且最近一年內委託買賣累積成交金額需達到所申請融資額度的 50%；

（3）年所得與各種財產合計需達申請融資額度的 30%，並須提供財力證明文件（不動產權狀影本或繳稅單、存款證明、有價證券）備查。

信用帳戶整戶融資融券限額區分為：50 萬元、100 萬元、250 萬元、500 萬元、1,000 萬元、1,500 萬元、2,000 萬元、2,500 萬元、3,000 萬元等九種，期限為一年。另個股融資融券限額上限為：

種類	融資	融券
上市股票	1,500 萬元	1,000 萬元
上櫃股票	1,000 萬元	750 萬元

投資人融資融券買賣前的注意事項：

（1）查明當天標的股是否有融資融券使用資格；

（2）是否因過戶期間暫停融資融券；

（3）是否有配額限制；

（4）融資融券自備款成數多少。

90 年 7 月 10 日規定融資成數，計算至千元，以少借為原則；融券成數，計算至百元，以多收為原則。

種類	上市	上櫃
融資成數	60%	50%
融券成數	90%	90%

除權除息的相關日期，均以營業日計：

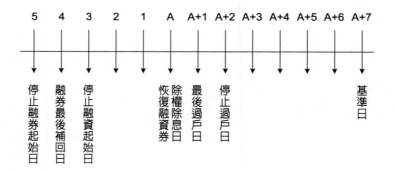

當日沖銷：

即指投資人在同一營業日對同一種股票，同時進行融資買進與融券賣出的避險或投機交易，並採餘款計算的交割方式，不需同時準備融資自備款與融券保證金兩筆款項。

融券賣出的套利操作策略：

（1）參與詢價圈購以鎖定未來現金增資配股之風險；

（2）參加除權以鎖定未來無償配股或現金增資股的風險；

（3）購買換股權利證書或可轉換公司債以鎖定未來換發股票的風險。

根據融資餘額增減研判融資買進時機：

（1）融資餘額頻創新低，股價指數卻跌不下去；

（2）融資餘額溫和放大，量能逐漸增加時。

七、初級市場

是指有價證券的發行者為了籌措資金首次出售有價證券給最初資金的供給者的市場，又稱為發行市場（Issue Market）。

八、次級市場

是指已通過發行程序的有價證券在外買賣所構成的交易市場，又稱為流通市場（Circulation Market）。

九、直接金融市場（Direct Financial Market）

是指政府、企業等機構為了籌措資金，直接從貨幣、資本市場發行有價證券，向不特定的個體直接取得資金，而不須經過銀行仲介的管道；銀行保證之公司債或商業本票均屬此市場之產品。

十、間接金融市場（Indirect Financial Market）

是指經由銀行作資金的仲介機構。銀行先吸收大眾存款或從市場拆借資金，再將資金貸放給需求者的管道。其中租賃也是一種間接融資的來源，租賃的發展反映了「資產價值在於使用而非擁有」；租賃基本上可分為：1.營業租賃（Operating Lease）：指由出租人同時提供融資與資產維修給承租人，出租人（Lessor）亦為所有權人，且租賃期低於資產經濟壽命及承租人有提前取消權；2.融資租賃（Financial Lease）：其與營業租賃主要差別在於契約不可提前解約及全部租賃費用足以涵蓋設備所有成本，承租人（Lessee）方為所有權人；3.槓桿租賃（Leveraged Lease）：是由出租人提供約 20-40% 資金，貸款人提供約 60-80%資金，購買承租人所欲使用之資產，並交由承租人使用。

十一、財產保險（Property Insurance）

就是所謂產物保險，可分為火災保險、運輸保險、汽車保險、工程保險、責任保險、保證保險及其它財產

保險。有關善意之複保險理賠時，其保險金額的總額超過保險標的物之價值者，除另有約定外，各保險人僅就其所保金額負比例分攤之責，但賠償總額不得超過保險標的之價值（重置價格／Replace Value）。產險之損害填補原則，乃指被保險人所受的保險補償不能超過被保險人實際所受損失，因此保險金額不得超過保險標的物折舊後之實際現金價值；產險通常為不定值保險，但出險時超額保險對被保險人而言，僅是多交保費而已，並不能取得超額理賠；另不足額保險，雖少交保費，但發生損失時，須按照不足比例負擔部份損失。其中海上運輸保險金額之計算為（貨物之成本＋運費＋保險費）×110%之預期利潤；海上保險條款主要分 A 條款（概括式承保之全險條款）、B 條款（列舉承保危險之單獨海損賠付水漬險）、C 條款（列舉承保危險之單獨海損不賠平安險）及加保海上貨物之兵險條款。其中汽車保險種類分車體損失險（甲、乙、丙）、竊盜損失險、第三人責任險及附加險；甲、乙、丙式均是所謂全險，其差異為甲式之承保範圍比乙式多了第三者之非善意行為一項，而丙式則僅限車對車碰撞方可申請理賠；自用汽車保險費之從人因素係數如下：

年齡 ＼ 係數 性別	男	女
未滿 20 歲者	1.89	1.70
20 歲以上未滿 25 歲者	1.74	1.57
25 歲以上未滿 30 歲者	1.15	1.04
30 歲以上未滿 60 歲者	1.00	0.90
60 歲以上未滿 75 歲者	1.07	0.96
70 歲以上	1.07	0.96

十二、人身保險（Life Insurance）

　　就是所謂人壽保險，可分為終身壽險、定期壽險及儲蓄壽險。其中失能保險的規劃是計算未來可以賺到的收入，以失能保險取代因風險所損失的稅後收入；醫療保險則主要是填補人們因為疾病和傷害所造成財務上損失及因為住院或就診過程中，因無法繼續工作的收入損失；依據財政部九十一年十二月三十日台財保字第0910751300 號函，自九十二年元月一日起，以未滿 14 歲之未成年人，或心神喪失，或精神耗弱之人，為被保險人所簽訂之人壽或傷害保險契約之喪葬費用，其保險金額上限為新台幣二百萬元正。

種類	給付項目	適用情形
終身壽險	死亡保險金 全殘保險金	長期家庭保障
定期壽險		短期家庭保障
儲蓄壽險	死亡保險金 全殘保險金 生存保險金	短期家庭保障儲蓄

第四篇

財務報表分析

財務報表分析提供了許多方法以分析企業的財務狀況是否健全，然而由於財務報表（四大報表為資產負債表／Balance Sheet、損益表／Income Statement、現金流量表／Statement of Cash Flow 及業主權益變動表）是經由會計程序產生，而會計程序主要是以應計基礎與歷史成本發展而來，因此進行財務報表分析時應注意其限制及問題；不同產業之同一會計科目會有不同之意義─如從營建業、天然氣等之預收款項可據以推估下一期營收之成長或衰退；英式與美式之會計項目分類有很大不同，分析時也需注意其差異；另現金流量表之預估及敏感性分析可供吾等作為未來資金需求之規劃或了解是否有資金缺口之疑慮，其通常以稅後淨利為出發點之間接法來編製。

一、財務報表之限制

　　1. **會計數字無法反應實際價值**：會計數字所顯示的金額，並不代表其可變現、或變現後可獲得等額現金，尤其某些電子業之存貨或原料一但失去市場之後便成為一文不值的廢物。

　　2. **會計方法的選擇影響比較效度**：對於折舊費用採直線折舊法或加速折舊法；對原料成本採先進先出法或後進先出法等均會失去了客觀的比較基礎。

　　3. **多角化投資的影響**：企業多角化投資的結果，彰顯合併報表之重要性及無法取得適當之產業平均值來分析比較。

4. **通貨膨脹的影響**：某些資產價值隨著時間的經過而增加，雖然使企業的價值提升，但不代表是企業努力的結果。

5. **會計數字之品質問題**：由於企業採用「Window Dressing」方式來修飾報表，或賄賂會計師以掩飾某些費用或損失，導致財報失真。

6. **中小企業申報營所稅之 401 表常因發票未取（開）而導致進、銷項數字及存貨金額失真，儘管中小企業之財務報表真實性不高，但仍可透過營收、存貨、應收等數字發覺其貼近事實之合理數字。**

二、同基報表分析（Common-Size Financial Statement）

同基財務報表即是將報表中的數字利用一個共同的基準轉換成百分比，除能規避規模不一的影響外，也可分解出各科目所佔的重要性，呈現出結構性的資訊，故稱為結構性分析。

■台 XX 股份有限公司／同基損益表

年度	87	88	變動%
淨銷貨收入	100.00%	100.00%	0.00%
銷貨成本	（59.52%）	（55.95%）	3.57%
銷貨毛利	40.48%	44.05%	3.57%
管理及行銷費用	（4.33%）	（5.35%）	（1.02%）
研發費用	（3.90%）	（3.27%）	0.63%
營業利益	32.25%	35.43%	3.18%
營業外收入（費用）	（5.08%）	（2.47%）	（2.61%）
稅前淨利	27.17%	32.96%	5.79%
稅後淨利	30.55%	33.58%	3.03%

三、趨勢分析（Trend Analysis）

　　藉由指數所構成財務分析的方法，選定某一特定會計年度為基年，將所欲分析的各年度財務報表數額以此基年數額為相同分母平減，化為指數的型態以觀察出公司資產、負債、及損益狀況的消長情形，藉以觀察公司發展的速度，以適時地補給財務資源。

■台 XX 股份有限公司／趨勢分析損益表

年度	86	87	88	87	88
淨銷貨收入	$43,936	$50,233	$73,131	1.143	1.664
銷貨成本	（22,841）	（29,897）	（40,915）	1.309	1.791
銷貨毛利	$21,095	$20,336	$32,216	0.964	1.527
管理及行銷費用	（3,099）	（2,176）	（3,910）	（0.702）	（1.262）
研發費用	（2,505）	（1,957）	（2,390）	（0.781）	（0.954）
營業利益	$15,491	$16,203	$25,916	1.046	1.673
營業外收入（費用）	（1,119）	（2,553）	（1,808）	（4.540）	（3.278）
稅前淨利	$14,372	$13,650	$24,108	0.950	1.554
稅後淨利	$16,842	$15,346	$24,558	0.911	1.367
每股盈餘（元）	4.40	2.54	3.24	0.577	0.736

四、比率分析

　　是以同期報表中的數字化為特定的比率作比較，以顯示出企業在特定項目上的營運績效。

1. **現力比率**：衡量企業是否具備在短期內將資產變現的能力，通常以流動資產及相對應的流動負債數額來衡量企業的變現力。

1-1. **流動比率（Current Ratio）**：為用來衡量企業在短期內償付債務能力的財務指標，其比率高低應與產業水準進行比較。當流動比率大於 1 時，表示企業有足夠的流動資產在短期內可變現償付短期債務；反之，則可能有違約之情況發生。但過高的流動比率反而會因過多之應收帳款、存貨而影響到公司之利益。

$$流動比率公式 = \frac{流動資產}{流動負債}$$

1-2. **速動比率（Acid Ratio）**：衡量意義與流動比率相似，但因扣除變現能力差之存貨、預付款項及遞延所得稅而有較高之變現速度，是衡量企業短期償債能力更好之指標。

$$速動比率 = \frac{流動資產 - 存貨 - 預付款項 - 延遲所得稅}{流動負債}$$

2. **負債管理比率**：衡量企業資本結構與償債能力，以選擇使用不同來源的資金以支應投資需求及健全財務結構。

2-1. **負債比率**（Debt Ratio）：衡量企業使用負債融資的總合程度，即資產總額中有多少比例是由債權資金支應。

$$負債比率 = \frac{負債總額 \times 100\%}{資產總額}$$

2-2. **債本比**（Debt/Equity Ratio）：表示債權資金佔權益資金的比重，數值越大表示負債程度越高、還本付息的壓力愈大。當債本比小於 1 時，表示客觀上企業有足夠的資產可償付債務；反之，則財務風險便增加。

$$債本比 = \frac{負債總額}{業主權益總額}$$

2-3. **保障利息倍數**（Times Interest Earned）：衡量企業是否有足夠之稅前息前收益來保證其付息能力，以免因此造成違約事件。但其實際付息能力，尚需考量尚未轉換成現金之收入以及損益表中並沒有真正現金流出之折舊費用，以免失真。

$$保障利息倍數 = \frac{EBIT}{利息費用總額}$$

3. **資產管理比率**：衡量企業之資產結構，以管理資金如何投資在具有生產力之資產上。

3-1. **存貨週轉率**（Inventory Turnover Ratio）：說明企業在當期會計年度的銷貨水準下存貨進出的次數。當存貨週轉率愈高，表示其存貨數量愈少，存貨管理效率愈佳，便可減少存貨之資金需求；反之，則負擔了不必要之管理成本。但需注意缺貨及存貨價格變動之風險。

$$存貨週轉率 = \frac{銷貨成本}{平均存貨水準}$$

$$存貨週轉天數 = \frac{365\ 天}{存貨週轉率}$$

3-2. **應收帳款週轉率**（Receivable Turnover Ratio）：說明企業在當期會計年度的銷貨水準下，應收帳款從產生到收現的平均次數。應收帳款週轉率愈高表示帳齡分析表中之收款天期愈短、金額愈少，但需注意信用政策是否因過於嚴格而影響銷售額；反之，則需注意呆帳之發生。其中業務單位除須注意客戶之財務狀況及付款情況外，尚須注意客戶提供其下游客票之兌現情形，避免客戶因出現太多催收款而週轉不靈。

$$應收帳款週轉率 = \frac{銷貨淨額}{平均應收帳款}$$

$$平均收現期間 = \frac{365 \, 天}{應收帳款週轉率}$$

3-3. 固定資產週轉率（Fixed Assets Turnover Ratio）：衡量 1 元之淨固定資產可創造出多少的銷貨收入，可說明固定資產在產能上發揮的程度與效率，透過與產業平均值的比較，可供檢討是否過度投資或是市場深度不足。

$$固定資產週轉率 = \frac{銷貨淨額}{平均淨固定資產}$$

4. 獲利能力比率：從利潤的角度來檢視企業在財務上之表現。

4-1. 銷貨邊際利潤（Profit Margin on Sales）：衡量企業平均在 1 元的銷貨收入裡賺到了多少稅後淨利，及其成本控制能力。比率愈高，營運實力愈強；反之，若非成本控制失當，即是銷貨收入太少所致。但另需考量營業外收入、支出對營業利益之影響，以免錯估本業之營運能力。

4-2.股東權益報酬率（Return on Equity）：衡量平均每 1 元股東權益所賺得之稅後淨利；另總資產報酬率（Return on Total Assets）則是衡量平均每 1 元資產所賺得之稅後淨利。

$$ROE = \frac{稅後淨利}{平均股東權益}$$

$$= \frac{稅後淨利}{平均總資產} \times \frac{平均總資產}{平均股東權益}$$

$$= ROA \times 權益指數$$

$$= 杜邦等式$$

$$= \frac{稅後淨利}{銷貨收入} \times \frac{銷貨收入}{平均總資產} \times 權益乘數$$

$$= 銷貨邊際利潤 \times 總資產週轉率 \times 權益乘數$$

$$ROA = \frac{稅後淨利}{平均總資產}$$

「註」：杜邦等式的意義在於透過 ROE 的分解，讓管理者可以分析出財務績效良好及不佳之原因所在，並提供了如何改進權益報酬率的方向。

1.改善經營實力：擴大銷售額或加強成本控制→提高銷貨邊際利潤
2.減少閒置產能：發揮各種資產最大效率→提高總資產週轉率
3.改變資本結構：適度使用債權資金取代股本→提高權益乘數

　　4-3. 經濟附加價值（Economic Value Added）：衡量企業稅後營業淨利和全部資金成本的差異，藉以顯示股東對投資公司所要求之報酬率。EVA＝投入總資本×（資本報酬率－平均資金成本）

　　5. 場價值比率：以每股市價來說明企業的營運績效。

　　5-1. 本益比（Price／Earnings Ratio）：透過預估企業之每股盈餘，輔以適當之本益比，可得一合理可期之目標價。本益比愈高，表示其風險愈高；但也暗示投資人預期發行該股票的企業在未來具有較大之成長潛力。但景氣狀況、產業結構、同業競爭強度、公司特性、股票供需數量等因素會影響企業預估之 EPS 達成率及投資人所接受之本益比，另主觀性的判斷也會影響其本益比。

$$P/E = \frac{普通股每股市價}{每股盈餘}$$

　　5-2. 市價對帳面價值比（Market／Book Ratio）：衡量企業每股股票市價與每股帳面價值上之差異程度，也可作為衡量財務經理人為股東創造財富能力的指標之一。

$$市價對帳面價值比 = \frac{銷貨淨額}{平均淨固定資產}$$

6. **營運資金（Working Capital）**：因流動資產總額的增減頻率常與銷售量成正比，且周轉速度快，而被視為營運週轉金。

6-1. **淨營運資金（Net Working Capital）**：衡量公司在短期債務週轉方面的能力，即為流動資產減去流動負債之值；另需考量應付帳款及應付費用等自發性資金之金額。

6-2. **營業循環**：即從購料起算，至產品銷售收現止所需之時間；可分解為應付帳款遞延支付期間及現金轉換循環、存貨轉換期間及應收帳款轉換期間。

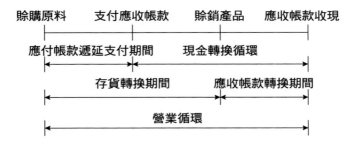

第五篇

技術分析理論

技術分析以歷史的資料來分析整體股、匯市及個別
股票、匯率，這些歷史資料包括過去之成交量、
成交價及成交值；技術分析的重心在於預測股票價格及
匯率的變化趨勢，但不深入探討其股、匯價變動的理由。

一、波浪理論

　　一個完整循環應包含 8 個波浪，多頭市場以 5 波上
漲（1、3、5 為上升波；2、4 為修正波），而空頭市場
則以 3 波下跌。通常兩大法則為第 4 波低點不應與第一
波頂點重疊，以及第 3 波（主升波）漲幅最大。另其以
「黃金切割率」──0.618（約 2/3）作為判斷波浪上漲
或回檔之滿足點。

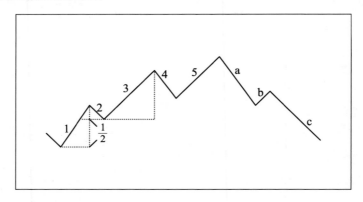

二、移動平均線

　　使用一段期間（6、24、72、144、288 日等）的收
盤價來計算平均值，好處是可以將極端值的影響降低，

消除短期變動，看出股價的長期**趨勢**；缺點為其看不出
成交量的變化。另 Gran Ville 曾提出移動平均線八大買
賣法則：

1.買進訊號：

　　平均線從下降轉為水平或上升，股價從平均線下方
穿破平均線；股價雖跌破平均線，不久又回到線上且平
均線仍繼續上升趨勢；股價趨勢在線上，股價突然下
跌，但未破平均線便隨後又上升；股價趨勢在線下卻突
然暴跌，距平均線很遠，應會趨近平均線。

2.賣出訊號：

　　平均線從上升轉為水平或下跌，而股價跌破平均線
下；股價雖上升穿破平均線，不久又回到線下且平均線
仍繼續下跌；股價趨勢在平均線下，回升時未超越平均
線便又下跌；股價趨勢在線上卻突然暴漲，距平均線很
遠，應會趨近平均線。

三、趨勢線理論

　　趨勢代表市場移動的方向，係由短期高峰與谷底組
合而成。利用兩個反轉低點，可畫出一條上升趨勢線，
並由各高峰畫出平行線形成壓力線；同理，利用兩個反
轉高點可畫出下降趨勢線，並求出支撐線。

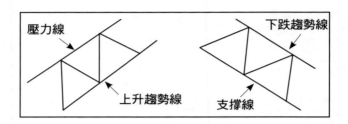

四、K 線理論

　　K 線又稱為陰陽線，可分為日線、週線、月線，可用來表示股市每日、每週、每月的開盤價（Open）、收盤價（Close）、最高價（High）及最低價（Low）。其構造可分為上影線、下影線及中間實體部份。其中上影線最上端代表最高價，下影線最下端代表最低價，而中間實體部份如收盤價高於開盤價時為紅體線，反之則為黑體線，相等時則為平盤線。藉由 K 線的型態來判斷買賣雙方的壓力何方較強。

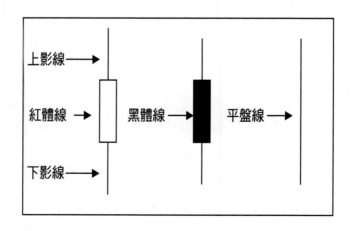

五、價的技術指標：

1. **KD 值**：KD 線的理論基礎是根據觀察股價上漲時，當日的收盤價總是朝向當日價格波動的最高價接近；反之，當股價下跌時，當日的收盤價總是朝向當日價格波動的最低價接近。KD 線是計算出第 n 天的收盤價與 n 天內最低價之差距，佔 n 天的收盤價與 n 天內最低價之差距的百分比，而求出初估隨機值（Raw Stochastic Value），再求出 RSV 的 3 日指數平滑移動平均線（Exponential Moving Average），分別計算快速隨機指數（K 線）及慢速隨機指數（D 線），K、D 值界於 0 至 100 之間，利用 K 線與 D 線交叉點研判股市短期間行情變動的買進或賣出時機。實務上均以 9 天 KD 值為判斷短線行情的買賣訊號；當 K 值向上突破 D 值時，代表買進訊號；反之當 K 值向下突破 D 值時，代表賣出訊號。KD 值達 80 以上時，代表超買；KD 值低 20 以下時，代表超賣。

2. **相對強弱指標（Relative Strength Index）**：RSI 以股價漲跌的變動關係來預測未來的股價，適用於投機氣氛高，股價漲跌變化大的股票市場及期貨市場。其決定買賣時機是根據漲久必跌，跌久必漲的原則。其選的基期日數愈短，其敏感度愈高但準確性愈低，通常取 12 日 RSI。以 RSI 作買賣研判時，RSI＞80（或 70）時，表示股價進入買超區；RSI＜20（或 30）時，表示股價

進入賣超區。

3.乖離率（Bias）：由移動平均線的買賣法則所延伸而得，代表股價和平均線的距離。當正乖離率達到 7%時，即為買超；當負乖離率達到 7%時，即為賣超。

4.MACD（Moving Average Convergence and Divergence）值：運用短期移動平均線和長期移動平均線兩者之關係，判斷買賣時機；短期移動平均線減去長期移動平均線的值為差離值（Difference，DIF）。MACD 判斷買賣訊號的主要原則包括：（1） DIF 與 MACD 在 0 軸線之上時代表市場為牛市（Bull），DIF 與 MACD 在 0 軸線之下時代表熊市（Bear）；（2）DIF 值向上突破 MACD 及 0 軸線時，代表買進訊號；（3）DIF 值向下跌破 MACD 及 0 軸線時，代表賣出訊號。

六、量的技術指標

量是價的先行指標，成交量是推動股價漲跌之原動力；價量關係的假設條件包括：量比價先行、價量背離是反轉訊號及成交量持續擴大是股價上漲的必要條件。以「量增價漲」、「量減價跌」表示多頭，以「量增價跌」、「量減價漲」表示空頭。其中 OBV（On Balance Volume）理論利用成交量得累積來判斷市場買氣是否旺盛；其原則為：

（1）OBV 線上升，而股價趨勢線下跌，表示買進的訊號；

（2）OBV 線下降，而股價趨勢線上升，表示賣出
　　的訊號；

（3）OBV 線從負的累積數轉為正數，表示買進的
　　訊號；

（4）OBV 線從正的累積數轉為負數，表示賣出的
　　訊號。

第六篇

經濟數據分析

透過經濟指標工具的分析，方可奠立利率、匯率及股票之長期研判能力而不至於因短期變動而失去方向；任何趨勢之研判均需以經濟分析來做理論基礎，否則無法建立長期趨勢之研判準則。

一、利率研判

影響短期利率因素：

1. **例行性因素**：每月底至翌月 5 日前為例行性資金需求期；每月 10 日至 25 日為月中通貨回籠期。

2. **季節性因素**：三大節日前夕之資金需求。

3. **央行公開市場操作**：透過 NCD 發行、買回或買賣短期票券方式，影響市場資金狀況。

4. **重貼現率**：是指銀行將其客戶貼現未到期商業票據，向央行申請「重貼現」之利率；央行會把重貼現率與擔保融通利率形成的利率區間當作短期利率之控制目標。

5. **銀行準備部位**：銀行存款準備金的提存期間（一旬）為每月第 4 日至次月之第 3 日止，加上期 1% 之超額準備後之旬底累計準備部位需為正數；因此其旬初採正數操作或負數操作便會影響短期利率之變動。

6. **股票市場因素**：股市活絡時，會將資金抽離貨幣市場及債券市場；及現金增資案或官股釋出股數過多時均會對市場資金造成衝擊。

7. **國庫收支因素**：7、8 月時公營事業存放在銀行之

盈餘繳庫；6 月底之所得稅及每奇數月中之營利事業所得稅繳庫。

影響中、長期利率因素：

1. **物價指數：**穩定物價、控制通貨澎脹，是中央銀行在擬定貨幣政策中最優先考量的。通常物價穩定時，央行有較大寬鬆貨幣政策的空間；反之，可能採取緊縮的貨幣政策。通常物價統計資料包括消費物價指數（CPI；Consumer Price Indices）、躉售物價指數（WPI；Wholesale Price Indices）、進口物價、出口物價。

2. **國內之經濟景氣：**行政院主計處每季第一個月 5 日會公布實質國民生產毛額（Real Gross National Product）、實質國內生產毛額（Real Gross Domestic Product），如高經濟成長率，景氣狀況好，利率便會向上攀升。另經建會每月 27 日公布上月之景氣對策信號，提供未來景氣走勢，如有轉熱跡象，央行會朝緊縮的貨幣政策執行；反之，則採寬鬆之貨幣政策。

綜合景氣循環燈號	檢查值	景氣情況	貨幣政策
紅燈	45-38 分	過熱	緊縮
黃紅燈	37-32 分	活絡	注意
綠燈	31-23 分	穩定	持平
黃藍燈	22-17 分	欠佳	注意
藍燈	16-9 分	衰退	寬鬆

　　3. **貨幣供給額**：目前貨幣供給額指標分為三種，即
M1A（通貨淨額＋支票存款＋活期存款）、M1B（M1A
＋活期儲蓄存款）、及 M2（M1B＋定期存款＋定期儲蓄
存款＋郵政儲金＋『債券附買回交易餘額』）。央行將經
濟成長率乘以貨幣需求彈性係數，再加上 CPI 年增率的
總合而得貨幣供給年增率；藉以觀察是否符合設定的目
標區，如 M2 明顯高於目標區時須注意央行是否會採緊
縮措施。另景氣不好、股市低迷時，M1A 及 M1B 會衰
退或成長放慢。

　　4.**存款準備率**：央行依不同項目之存款流動性，訂
定不同之存款準備率（97 年 7 月 1 日各項存款之存款準
備率分別為支存 12%、活存 11.025%、活儲 6.75%、定
存 5.75%、定儲 4.75%、外存 0.125%）；銀行收受存款
時，須提存央行訂定之存款準備金。因此銀行存款的實
質資金成本＝（牌告利率－存款準備率*60%*乙戶利率）
／（1－存款準備率）。當央行考慮採取緊縮貨幣之政策
時，最有效之方式為提高存款準備率及同步調整重貼現
率和擔保融通利率。調降存款準備率時應同時注意貨幣
乘數效果，貨幣乘數效果公式＝(1)M2／上月底之準備貨
幣比值或(2)1／存款準備率。例如：97 年 7 月 1 日央行
提高活期性存款 1.25%／定期性存款 0.75%存款準備
率、6 月底基期 M1A/M1B/M2 分別為 30,883E/ 81,444E/
267,660E；則央行會從市場緊縮逾 2,414E 新台幣資金，
加計貨幣乘數效果可從市場緊縮約 4 兆之動能。

（30,883E × 1.25% ÷ 11.025% ＋ 50,561E × 1.25% ÷ 6.75%＋186,216E×0.75%÷5.75%＝36,868E）

二、個體經濟學與總體經濟學

個體經濟學的研究重點是要了解市場機能如何決定資源的配置，以及資源配置是否為最佳狀態，分析的焦點是「相對價格」的決定與影響；總體經濟學以國民所得為軸心，探討國民所得、失業率、平均工資、物價膨脹率、外匯收支與經濟成長率。

機會成本：為了獲得某種東西「因而必須放棄的最大價值」，不論是已有或可得而未得的東西，均為其機會成本。例如：投資股票時，你的機會成本可能是定存利息或其它投資收益。

改變需求的因素：2.1 所得-價格與其它條件不變下，正常物品的需求量會與所得呈同方向變動，劣等物品則呈反方向變動。2.2 相關物品的價格-某一物品的相對價格提高後，其替代物品的需求會增加，其互補物品的需求會減少。2.3 嗜好-傳統習俗、流行、廣告等會影響消費者對物品的偏好。2.4 對未來的預期-對未來價格與所得預期會影響整條需求曲線的移動。2.5 消費者人數-隨著人口的增加、市場的開拓而產生的消費者人數增加，會造成整條需求曲線的右移。

影響供給變動的因素：生產技術、生產要素的價格、相關產品的價格、預期價格、供給者人數。

市場均衡：在均衡點（equilibrium）的價格，生產者的供給量恰等於消費者願意且有能力購買之需求量。當市市場價格高於均衡價格時，便會造成超額供給（surplus）；當市市場價格低於均衡價格時，便會造成超額需求（shortage）。

國內生產毛額（Gross Domestic Product）：GDP 是指該國「國內」在「一定期間內」所生產出來，供「最終用途」的物品與勞務之「市場價值」，含本期生產而未出售之存貨。

GDP＝C＋I＋G＋（X－M）
C：民間消費支出／Consumption，
I：國內投資毛額／Investment，
G：政府消費支出／Government，
X：出口／Export，
M：進口／Import。

【註】近來央行常以出超（X-M）大幅減少為由，宣稱台幣應貶值；聽起來很合理，但同時期大多數產業均調高財測且對其營收均傾向樂觀；如果大多數產業均已外移，造成國內出口減少，但整體產業穫利提升，此時台幣為何須貶值呢？無非是為了藉由貶值提高出口競爭力及增加外資投資之吸引力以保衛 GDP 之成長表像罷了。

1. 國民生產毛額（Gross National Product）：GNP 是指一國之「全體國民」在一定期間內所生產的價值。

　　GNP＝GDP＋本國國民的生產要素參與外國生產之報酬

　　　　　　－外國國民的生產要素參與本國生產之報酬。

2. 訂貨／出貨比（Book／Bill Ratio）：通常半導體業會依據北
　 美之 B／B Ratio 高低來判斷未來產業景氣之榮枯；如其在
　 100%以上，即代表未來營收成長可期。

第七篇

法律實務

透過了解相關法律常識之規範，方可避免誤導客戶之投資策略，甚至避免客戶由節稅變為逃稅或因漏申報而遭罰鍰；如公開發行公司一年內買、賣基金分別累計每達新台幣一億元以上時，需於交易次營業日股市開盤前完成申報手續。

一、所得稅

我國個人所得稅係採綜合所得稅制，原可採屬人主義，但由於臺灣經濟發展對外依存度高，且部份華僑仍保有我國國籍，如採屬人主義，多有不便。我國營利事業所得稅原則上係採屬人主義，對於總機構設於我國境內之營利事業，其境外之盈餘，均應與總機構之盈餘合併計算課稅所得額；但總機構設於境外之營利事業，應就其中華民國境內之總機構設於我國境內之營利事業所得課徵所得稅，此時採屬地主義。另兩稅合一之後，除公司股東分配股利時可享可扣抵稅額之抵稅優惠外，公司購買商業本票時，股東也可因依買票利率為計算基準課 20%分離課稅與依發票利率為計算基準之可扣抵稅額差異而享有報稅時增加可扣抵稅額之額外利益；95 年起政府擬針對法人及高所得之自然人實施最低稅負制。

	個人最低稅負	企業最低稅負	衝擊
稅率	20%	10%-20%，授權行政院視經濟狀況訂定	若高於 10%，企業的稅負將增加
稅基	(1) 海外所得、港澳來源所得；每戶扣除額 100 萬元。自 98 年 1 月 1 日施行。但必要時得自 99 年 1 月 1 日施行 (2) 受益人與要保人非屬同一人的保險給付。但死亡給付每一申報戶在 3000 萬元以下部分免予計入。 (3) 未上市櫃股票，和私募證券投資信託基金受益憑證交易所得。 (4) 非現金捐贈 (5) 員工分紅配股，可處分日次日的時價超過股票面額的差額。	(1) 上市上櫃、未上市上櫃股票、期貨交易所得。 (2) 促產、獎參、促產的 5 年免稅所得額 (3) 國際金融業務分行(OBU)免稅所得	富豪巨富海外所得要繳20%可能引發三年內大幅進行租稅規劃，造成資金外流
起徵點、扣除額	600 萬元	200 萬元	課稅人數增加七千人
處罰	短漏報處 2 倍以下罰鍰；沒有申報者罰 3 倍以下；自 96 年 1 月 1 日以後實施		
實施日	預計年底通過自 95 年 1 月 1 日起實施		

二、稅率結構

　　個人綜合所得稅之稅率採 6＋7＋8＋9＋10 之累進稅率；營利事業所得稅之稅率採 15＋10 之累進稅率。

■個人綜合所得稅稅率結構：

級別	級距	稅率	稅率差
1	0－300,000	6%	6%
2	300,001－800,000	13%	7%
3	800,001－1,600,000	21%	8%
4	1,600,001－3,000,000	30%	9%
5	3,000,001 以上	40%	10%

■營利事業所得稅稅率結構：

級別	級距	稅率	稅率差
1	0－50,000	0%	
2	0－100,000（超過 5 萬元者）	15%	15%
3	100,001 以上	25%	10%

三、投資稅額抵減

　　為鼓勵重要科技事業、重要投資事業及創業投資事業之創立，個人持有原始創立記名股票達二年以上者，得以其取得該股票價款百分之二十限度內，抵減當年度應納綜合所得稅額；當年度不足抵減時，得在以後四年度內抵減之。

　　自用住宅財產交易所得稅之抵減：納稅義務人出售
自用住宅之房屋所繳納該財產交易所得部份之綜合所
得稅額，自完成移轉登記之日起二年內，如重購自用住
宅之房屋，其價額超過出售價額者，得於重購自用住宅
之房屋完成移轉登記之年度，自其應納綜合所得稅額中
扣抵或退還。如係先購屋再出售原有房屋，其在二年內
者亦可申請抵納綜合所得稅，而每人一生之中僅能申請
一次此抵減優惠。另需注意的地方是，交易於每年七月
一日土地現值公告前訂約並於 30 日內申報者，適用舊
的土地公告現值。

四、分離課稅

　　可轉讓銀行定期存單、銀行承兌匯票及商業本票等
之利息所得採 20%分離課稅，扣繳稅款後，不再併入納
稅義務人之綜合所得課稅。

五、遺產及贈與稅

　　遺產稅之範圍包括被繼承人死亡時所留之動產、不
動產、其他有財產價值之權利及被繼承人死亡前三年內
贈與之財產。贈與稅之租稅客體為贈與行為，唯基於防
杜規避贈與稅，若干私法上非屬贈與行為，亦視同贈
與；如限制行為能力人或無行為能力人所購置之財產，
視為法定代理人或監護人之贈與及三等親以內親屬間
財產之買賣也視為贈與，但上列二項情形如能提出支付

價款之確實證明者，不在此限。另為規避天外飛來一筆
「橫債」，須於親屬過世後 2 個月內向法院申請拋棄繼
承或 3 個月內申請限定繼承；否則當被繼承人的債務超
過遺產或前順位繼承人拋棄繼承時，後順位之繼承人便
會無端承受一筆債務。遺產稅之課徵基礎為課稅遺產淨
額，而課稅遺產淨額＝遺產總額－免稅額（二佰萬元）
－扣除額（如表一）。贈與稅之課徵基礎為每年課稅贈
與淨額，而課稅贈與淨額＝每年贈與總額－每年免稅額
（每人一年 111 萬元）－當年扣除額（如表二）。

■（表一）遺產淨額稅率結構

稅率	級距	
（%）	94 年	95 年
2	60 萬元以下	67 萬元以下
4	60 萬~150 萬元	67 萬~167 萬元
7	150 萬~300 萬元	167 萬~334 萬元
11	300 萬~450 萬元	334 萬~501 萬元
15	450 萬~600 萬元	501 萬~668 萬元
20	600 萬~1000 萬元	668 萬~1113 萬元
26	1000 萬~1500 萬元	1113 萬~1670 萬元
33	1500 萬~4000 萬元	1670 萬~4453 萬元
40	4000 萬~1 億元	4453 萬~1 億 1132 萬元
50	1 億元以上	1 億 1132 萬元以上

■遺贈稅減免額調整概況

項目	遺產稅	
	94 年	95 年
免稅額	700 萬元	779 萬元
配偶扣除額	400 萬元	445 萬元
子女扣除額	40 萬元	45 萬元
父母扣除額	100 萬元	111 萬元
殘障扣除額	500 萬元	557 萬元
喪葬扣除額	100 萬元	111 萬元
註：贈與稅部分，每人每年免稅額由 100 萬元增為 111 萬元。		

■（表二）贈與淨額稅率結構：

級別	級距	稅率
1	300,000 以下	4%
2	300,001－570,000	5%
3	570,001－1,140,000	6%
4	1,140,001－1,620,000	8%
5	1,620,001－2,160,000	11%
6	2,160,000－2,700,000	14%
7	2,700,001－3,315,000	17%
8	3,315,001－4,080,000	20%
9	4,080,001－5,100,000	23%
10	5,100,001－7,200,000	26%
11	7,200,001－9,600,000	30%
12	9,600,001－14,400,000	35%

13	14,400,001－28,800,000	40%
14	28,800,001－45,000,000	45%
15	45,000,001－90,000,000	50%
16	90,000,001－150,000,000	55%
17	150,000,001 以上	60%

六、節稅十大方法

　　台積張董事長在美國賣掉他名下的台積電持股一萬張，總收入約合十一億四千萬元，結果因國內的證券交易免徵所得稅，這十一億多元的售股所得可以完全不必繳稅。這是台灣的富人、大亨經常使用到的合法免稅待遇，不過，一般薪資大眾可沒這麼幸運。一位上市公司專業經理人·去年年薪共一百八十萬元。去年他為了買房子，慫恿在外商公司工作的老婆賣掉美國總公司配給「員工認股差價選擇權」，收入一百多萬元，結果外商公司把這筆選擇權所得併在薪資所得開立扣繳憑單，一毛稅錢也跑不掉。這位經理人去年全家收入三百多萬元，光是繳稅就要六十六萬，大約平均每賺十元，就要繳給國庫兩元。薪資階層案例多的不勝枚舉，臺灣越來越不公平的租稅環境，更扭曲了稅制對於社會財富分配的功能，日益擴大貧富差距的效果。在現有稅制下，富人們節稅、避稅、逃稅的管道都比一般薪資階級多太多，以下是富人們主要節稅方式介紹：

1、成立投資公司、控股公司：

　　如果就所有節租、避稅方式進行評選，成立投資公司可說是集所有節稅功能的優點之大成。尤其不但可以節稅、避稅，還有助於個人理財調度、遺產分配等好處。在臺灣，要成立一家公司非常方便，有錢人將股票、公債、銀行存款、不動產等財產移轉到投資公司或控股公司名下，股票的配息、利息所得都變成公司所屬。成立控股公司的好處包括：個人所得只有醫療費等極少數費用沒有扣除上限，其餘扣除額少得可憐；公司所得稅可以扣除的費用支出範圍包羅萬象，包含交際應酬費、董監事及員工薪資（自己給自己薪水）、購買文具、紙筆等，東扣西扣，公司即使賺錢也可以做帳成虧損。除了可扣除許多費用外，營利事業所得稅最高稅率只有25%‧兩稅合一後公司保留盈餘不分配也只課 10%的稅率（分配後可以發還以繳稅款）；個人所得稅率 40%。尤其去年起實施兩稅合一，公司已繳的營業稅可以扣抵個人所得稅，對於資產雄厚的有錢人來說，更是減稅大利多。另外，上市上櫃公司大股東若成立控股公司‧把股票過戶到控股公司名下，這樣大股東擔任董監事，只要公司不指派法人代表出任董監事，就可不受股票必須放在集保公司保管不得出售、設質的限制，對資金調度相當有利。

2、成立各種名目的基金會：

　　只要是內政部、教育部等政府機構核可的教育、公
益、社會、宗教等財團法人，基金會的支出只要超過收
入八成，就可免繳所得稅。而成立基金會既可沽名，也
可做關係，更是大官、政治家募款的「名目」，反正只
要有錢隨時可用，資金是否在自己名下並無所謂。另
外，各項不方便在公司、個人名義下的支出例如請客發
票、饋贈禮品支出等，都可以掛在基金會的帳上。

3、「捐贈」節稅：

　　捐錢給個人或家族的社團、基金會等，有時候只是
有錢人將財產「過戶」給基金會的一種形式，反正社團、
基金會若由自己人控制，財產也不可能外流，反而還可
以利用所得稅法的「捐贈」扣除額扣稅，當年捐贈金額
可以在全年宗綜合所得總額的 20% 之內扣抵所得稅。

4、將財產儘量化為股票、土地等免繳所得稅型式持有：

　　售股、賣地等資本利得免稅，是臺灣唯一獨步全球的
最大合法節稅管道。張忠謀、黃任中售股所得十幾億元、
數十億元都合法免稅，其他的有錢人因買股、買地「賺翻
了」卻不必繳一毛稅的例子更不勝其數。國內未課證所
稅、土所稅，每年因此損失的稅收至少高達數百億元。

5、不存銀行存款、改買可轉讓定存單：

　　銀行業有時為了吸收大額存款，會針對特定人士發
行不記名的可轉讓定存單，除了有隱匿資產、理財安全

等好處外，可轉讓定存單的利息收入一律以百分之二十的稅率分離課稅，對於有錢大戶高達百分之四十的稅率，起碼可節省一半的稅負。但須注意其不得提前解約及申報遺失之限制。

6、購買債券型基金、或從事債券附買回交易：

債券型基金是公認的「保本型理財商品」，交易差價屬於資本利得可完全免稅，基金的盈餘分配雖須合併在綜所稅繳稅，但兩稅合一後，基金受益人還可以將基金繳納的營所稅扣抵個人綜所稅。債券附買回交易，是指投資人與銀行或券商約好一定利率、時間買進債券，到期後，再由銀行、券商買回，交易的利息所得完全不課稅。

7、購買巨額保險：

有些有錢人為了節稅，往往不惜用高保買高額保險，例如很多高官巨賈都用一千萬元保費，購買一千萬元保險的情形。因為保險理賠金可不必計入遺產課稅，因此買鉅額保險不僅可讓繼承人有現金來繳遺產稅外，平時還可以用較低利率，以保單向保險公司進行質借，是便利的理財工具之一。

8、將財產分散給下一代：

越來越多的有錢人在民間會計師的指點下，以最少的成本來繳稅。例如儲蓄投資扣除額每申報戶只有 27 萬元，在子女將滿二十歲可獨立報稅時，就陸續將財產

移轉給子女名下，至少又可增加使用一個申報戶的各項扣除額。有些有錢人為了節省贈與稅，透過土地等交易免稅項目，利用市價與高公告現值差距，製造下一代的財力證明，以免被國稅局查稅。舉例來說，一塊市價五千萬元的土地，公告現值可能只有一千萬元，父母先贈與二分之一給子女，贈與總額五百萬元，扣掉贈送免稅額，應納的贈與稅不多。結果子女再把市價五千萬元的二分之一受贈土地賣掉，一下子女的財產就增值到二千五百萬元，這二千五百萬元就變成成跟父母「購買」房地產的財力證明。

9、將財產分散到國外：

　　我國的所得稅法規定，個人的綜合所得稅只有在國內來源所得才需課稅、國外的來源所得不必課稅（但營利事業的國外來源所得課稅），因此在海外購產坐收資金、在國外銀行存款等等，都可以不必繳綜所稅。

10、房屋貸款節稅：

　　列報綜合所得稅自用住宅購屋借款利息。另每年可扣除數額，以當年度實際發生的利息支出減掉儲蓄投資特別扣除額後剩下的餘額申報扣除，但是最多不能超過三十萬元。另納稅義務人將其所有之二個門牌號碼之房屋打通供自用住宅使用，並以該二間房屋向金融機構借款，其所支付之利息必須符合所得稅法施行細則第二十四條之三規定的要件：一、以納稅義務人本人、配偶或

受扶養親屬名義登記為其所有。二、納稅義務人本人、配偶或受扶養親屬於申報年度在該地址辦竣戶籍登記，且無出租或供營業使用。三、檢附當年度向金融機構辦理房屋購置貸款所支付利息的繳息清單正本，並且僅能選擇其中一屋之借款利息。

七、公司法

下述為90年度變更後之新版公司法摘錄。

第二條　公司分為下列四種：

1. 無限公司：指二人以上股東所組織，對公司債務負連帶無限清償責任之公司。
2. 有限公司：由一人以上股東所組織，就其出資額為限，對公司負其責任之公司。
3. 兩合公司：指一人以上無限責任股東，與一人以上有限責任股東所組織，其無限責任股東對公司債務負連帶無限清償責任；有限責任股東就其出資額為限，對公司負其責任之公司。
4. 股份有限公司：指二人以上股東或政府、法人股東一人所組織，全部資本分為股份；股東就其所認股份，對公司負其責任之公司。於公司名稱中，應標明公司之種類。

第十五條　公司之資金，除有下列各款情形外，不得貸與股東或任何他人：

1. 公司間或與行號間業務往來者。

2. 公司間或與行號間有短期融通資金之必要者。融資金額不得超過貸與企業淨值的百分之四十。公司負責人違反前項規定時，應與借用人連帶負返還責任；如公司受有損害者，亦應由其負損害賠償責任。

第十八條　公司名稱，不得與他公司名稱相同。二公司名稱中標明不同業務種類或可資區別之文字者，視為不相同。

第一九二條　公司董事會，設置董事不得少於三人，由股東會就有行為能力之人選任之。

第二三二條　公司非彌補虧損及依本法規定提出法定盈餘公積後，不得分派股息及紅利。公司無盈餘時，不得分派股息及紅利。但法定盈餘公積已超過實收資本額百分之五十時，得以其超過部分派充股息及紅利。

第二三九條　法定盈餘公積及資本公積，除填補公司虧損外，不得使用之。

第二四九條　公司有下列情形之一者，不得發行無擔保公司債：

1. 對於前已發行之公司債或其他債務，曾有違約或遲延支付本息之事實已了結者。2. 最近三年或開業不及三年之開業年度課稅後之平均淨利，未達原定發行之公司債，應負擔年息總額之百分之一百五十者。

第二五〇條　公司有下列情形之一者，不得發行公司債：

1.對於前已發行之公司債或其他債務有違約或遲延支付本息之事實，尚在繼續中者。2.最近三年或開業不及三年之開業年度課稅之平均淨利，未達原定發行之公司債應負擔年息總額之百分之一百者。但經銀行保證發行之公司債不受限制。

第二六七條　公司發行新股時，除經目的事業中央主管機關專案核定者外，應保留發行新股總數百分之十至十五之股份由公司員工承購。公營事業經該公營事業之主管機關專案核定者，得保留發行新股由員工承購；其保留股份，不得超過發行新股總數百分之十。公司發行新股時，除依前二項保留者外，應公告及通知原有股東，按照原有股份比例儘先分認，並聲明逾期不認購者，喪失其權利；原有股東持有股份按比例不足分認一新股者，得合併共同認購或歸併一人認購；原有股東未認購者，得公開發行或洽由特定人認購。

第二八七條　法院為公司重整之裁定前，得因公司或利害關係人之聲請或依職權，以裁定為左列各款處分：

1.公司財產之保全處分。

2.公司業務之限制。

3.公司履行債務及對公司行使債權之限制。

4.公司破產、和解或強制執行等程序之停止。

5.公司記名式股票轉讓之禁止。

6. 公司負責人，對於公司損害賠償責任之查定及其財
   產之保全處分。前項處分，除法院准予重整外，其
   期間不得超過九十日；必要時，法院得由公司或利
   害關係人之聲請或依職權以裁定延長之；其延長期
   間不得超過九十日。前項期間屆滿前，重整之聲請
   駁回確定者，第一項之裁定失其效力。法院為第一
   項之裁定時，應將裁定通知證券管理機關及相關之
   目的事業中央主管機關。

**第三一七條之三　公司為促進合理經營而與他公司合併
者，依下列各款規定辦理：**

1. 存續公司或新設公司於申請對消滅公司所有不動
   產、應登記之動產及各項擔保物權之變更登記時，
   免繳納登記規費。

2. 因合併而發生之印花稅及契稅，一律免徵。

3. 原供消滅公司直接使用之土地隨同一併移轉時，經
   依土地稅法審核確定其現值後，即予辦理土地所有
   權移轉登記，其應繳納之土地增值稅准予記存，由
   合併後之存續公司或新設公司於該項土地再移轉
   時一併繳納之；其破產或解散時，經記存之土地增
   值稅應先受償。

4. 因合併出售原供消滅公司直接使用之機器、設備，
   其出售所得價款，全部用於或抵付該合併計劃新購
   機器、設備者，免徵印花稅。

5. 因合併出售原供消滅公司直接使用之廠礦用土
地、廠房，其出售所得價款，全部用於或抵付該合
併計劃新購或新置土地、廠房者，免徵該合併公司
應課之契稅及印花稅。

6. 因合併產生之商譽得於十五年內攤銷之。

7. 因合併產生之費用得於五年內攤銷之。

8. 因合併出售不良債權所受之損失，得於十五年內認
列損失。

第三六九條之一　本法所稱關係企業，指獨立存在而相互
間具有左列關係之企業：

1. 有控制與從屬關係之公司。

2. 相互投資之公司。

第三六九條之二　公司持有他公司有表決權之股份或出資
額，超過他公司已發行有表決權之股份總數或資本總半數
者為控制公司，該他公司為從屬公司。除前項外，公司直
接或間接控制他公司之人事、財務或業務經營者亦為控制
公司，該他公司為從屬公司。

第三六九條之三　有左列情形之一者，推定為有控制與從
屬關係：

1. 公司與他公司之執行業務股東或董事有半數以上
相同者。

2. 公司與他公司之已發行有表決權之股份總數或資
本總額有半數以上為相同之股東持有或出資者。

【附註一】稅捐申報、開徵截限表：

稅目	區分	開徵日期		截止日期
使用牌照稅	汽車	營業用	上期:四月一日	四月三十日
			下期:十月一日	十月三十一日
		自用	四月一日	四月三十日
	機車	四月一日		四月三十日
地價稅	每年徵收一次	十一月一日		十一月三十日
房屋稅	每年徵收一次	五月一日		五月三十一日
所得稅	每年徵收一次	五月一日		五月三十一日

【附註二】下列各表為租稅制度簡介：

我國現行租稅制度，依財政收支劃分法的規定，可分為國稅和地方稅兩大類。	
國稅與地方稅的區分	
國稅是屬於中央政府可支用的稅收，包括有九種：	
1.關稅	由財政部關稅總局負責徵收
2.礦區稅	由經濟部礦務局代為徵收
3.所得稅	由財政部所屬國稅局負責徵收（台北市地區由財政部台北市國稅局辦理）
4.遺產及贈與稅	
5.貨物稅	由財政部所屬國稅局負責徵收（台北市地區由財政部台北市國稅局辦理）
6.證券交易稅	
7.期貨交易稅	
8.營業稅	八十八年七月一日起委託各地稅捐稽徵處代徵
9.菸酒稅	九十一年一月一日施行

什麼是國稅？			
稅目	課徵對象及範圍	納稅義務人	主要法令
綜合所得稅	凡有中華民國來源所得之個人，不論其為本國人或外國人，亦不論其是否居住中華民國境內，均應就中華民國來源所得課徵綜合所得稅。	有中華民國來源所得之個人。	所得稅法、所得稅法施行細則、營利事業所得稅查核準則、促進產業升級條例、促進產業升級條例施行細則、中小企業發展條例。
營利事業所得稅	凡在中華民國境內經營之營利事業，不論其組織形態，均應課徵營利事業所得稅。	營利事業。	
遺產稅	1.經常居住中華民國境內之國民，死亡時就其中華民國境內境外全部遺產，課徵遺產稅。 2.經常居住中華民國境外之國民，及非中華民國國民，死亡時在中華民國境內遺有財產者，就其在中華民國境內之財產，課徵遺產稅。	遺囑執行人者為遺囑執行人；無遺囑執行人者為繼承人及受遺贈人；無遺囑執行人及繼承人者為依法選定之遺產管理人。	遺產及贈與稅法、遺產及贈與稅法施行細則。
贈與稅	經常居住中華民國境內之國民，就其在中華民國境內或境外之財產為贈與者，及經常居住中華民國境外之國民，及非中華民國國民，就其在中華民國境內之財產為贈與者，均應課徵贈與稅。	贈與人。	遺產及贈與稅法、遺產及贈與稅法施行細則。
貨物稅	凡貨物稅條例列舉之貨物，不論其在國內產製或自國外進口，除法律另有規定外，均課徵貨物稅。	1.國內製造，為產製廠商。 2.國外進口，為收貨人、提貨單或貨物持有人。 3.委託代製之貨物，為受託之產製廠商。但委託	貨物稅條例、貨物稅稽徵規則。

		廠商為產製應稅貨物之廠商者，得向稅務機關申請以委託廠商為納稅義務人。	
證券交易稅	凡買賣有價證券，均課徵證券交易稅，但各級政府發行之債券買賣，免徵證券交易稅。	證券出賣人。	證券交易稅條例。
期貨交易稅	凡在中華民國境內從事股價指數期貨、股價指數期貨選擇權或股價選擇權之交易，均課徵期貨交易稅。	買賣雙方交易人。	期貨交易稅條例。
營業稅	在中華民國境內銷售貨物或勞務，及進口貨物，均應課徵營業稅。	1.銷售貨物或勞務之營業人。 2.進口貨物之收貨或持有人。 3.外國之事業、機關、團體、組織，在中華民國境內無固定營業場所者，其所銷售勞務之買受人。但外國國際運輸事業，在中華民國境內無固定營業場所而有代理人者，為其代理人。	營業稅法、營業稅法施行細則、統一發票使用辦法。
菸酒稅	凡符合菸酒稅法第一條及第三條規定，不論國內產製或國外進口，均應於出廠或進口時徵收菸酒稅。	1.國內產製之菸酒，為產製廠商。 2.委託代製之菸酒，為受託之產製廠商。 3.國外進口之菸酒，為收貨人、提貨單或貨物持有人。	菸酒稅法、菸酒稅法稽徵規則。

| | | 4. 法院或其他機關拍賣尚未完稅之菸酒，為拍定人。
5. 免稅菸酒因轉讓或移作他用而不符免稅規定者，為轉讓或移作他用之人或貨物持有人。 | |

什麼是地方稅？

稅目	課徵對象及範圍	納稅義務人	主要法令
印花稅	1. 銀錢收據。 2. 買賣動產契據。 3. 承攬契據。 4. 典賣、讓受及分割不動產契據。	1. 銀錢收據為立據人。 2. 買賣動產契據、承攬契據、典賣、讓受及分割不動產契據為立約人或立據人。	印花稅法、印花稅法施行細則。
使用牌照稅	使用於公共水陸道路公私用交通工具之車、船。	交通工具所有人或使用人。	使用牌照稅法、台北市使用牌照稅徵收細則。
地價稅	已規定地價之土地，除作農業使用以外，應課徵地價稅。	土地所有權人或典權人、承領人、耕作權人。但經指定之土地，使用人負責代繳其使用部分之地價稅。	土地稅法、土地稅法施行細則、平均地權條例、平均地權條例施行細則。
田賦	對未規定地價區域的土地或已規定地價區域仍供農地使用之土地，應課徵田賦。（行政院76.8.20台76財字第一九三六五號函，自76年第二期起停徵田賦）	土地所有權人或典權人。	

土地增值稅	土地增值稅於土地規定地價後，就其土地自然漲價總數額於土地所有權移轉時徵收，或於設定典權時預徵之稅捐。	1. 土地買賣之出賣人（交換視為買賣）。 2. 贈與之受贈人。 3. 設定典權之出典人。	
房屋稅	附著於土地之各種房屋及有關增加該房屋使用價值之建築物。	1. 房屋所有人。 2. 設有典權者之典權人。	房屋稅條例、台北市房屋稅徵收細則。
契稅	不動產之買賣，承典、交換、贈與或分割而取得所有權者，均應申報繳納契稅，但在開徵土地增值稅區域之土地，免徵契稅。	1. 買賣契稅，為買受人。 2. 典權契稅，為典權人。 3. 交換契稅，為交換後承受部份之取得人。 4. 贈與契稅，為受贈人。 5. 分割契稅，為分割後之取得人。 6. 占有契稅，為占有人。	契稅條例。
娛樂稅	1. 電影、歌唱、舞蹈及各種技藝表演、競賽。 2. 舞廳或舞場。 3. 撞球場、保齡球館、高爾夫球場及其他提供娛樂設施供人娛樂者。	出價娛樂之人。	娛樂稅法、台北市娛樂稅施行細則。

現行國稅申報、申請時間及受理單位一覽表			
稅目	辦理事項	申報、申請時間	受理單位
所得稅	1. 結算申報	每年五月一日至五月三十一日	營利事業所得稅向轄區稽徵所申報。綜合所得稅向總局及各稽徵所申報
	2. 暫繳申報	每年七月一日至七月三十一日	轄區稽徵所

	3. 各類所得扣（免）繳憑單及股利憑單申報	每年一月二日至一月三十一日	轄區稽徵所
	4. 執行業務者帳簿驗印	每年使用前	總局及各稽徵所
	5. 儲蓄免扣證	首次申領或換發	總局及各稽徵所
	6. 災害損失報備	發生後十五日內報請勘查	轄區稽徵所
遺產稅	申報	自被繼承人死亡之日起六個月內辦理申報	總局
贈與稅	申報	自贈與行為發生後三十日內辦理申報	總局
貨物稅	1. 國內產製應稅貨物	次月十五日前	總局審查三科
	2. 進口應稅貨物	由海關於徵收關稅時代徵	海關
證券交易稅	繳納代徵稅款	代徵人於每次買賣交割之當日，依規定稅率代徵，並於代繳之次日，填具繳款書向國庫繳納。	稅單請向總局及各稽徵所服務台索取。（證券商專用稅單請向總局服務台索取）
期貨交易稅	繳納代徵稅款	代徵人於每次買賣交易當日或於到期前或到期時結算差價日，按規定稅率代為課徵，並於代繳之次日，填具繳款書向公庫繳納。	稅單請向總局服務台索取。
營業稅	申報銷售額、應納或溢付營業稅額。	以每兩個月為一期，於次期開始十五日內，填具申報書，並檢附退抵稅款及其他有關文件辦理申報。	八十八年七月一日起委託各地稅捐稽徵處代徵。
菸酒稅	國內產製菸、酒	次月十五日前	總局審查三科
	國外進口菸、酒	由海關於報運進口時代徵	海關

【附註三】稅務工作行事曆：定期性工作項目

月	日	工作提要
1	1	1.九十年度各類所得扣繳暨免扣繳憑單、股利憑單申報開始日。 2.採曆年制者，使用藍色申報書之申請開始日。
1	31	九十年度各類所得扣繳暨免扣繳憑單、股利憑單申報截止日。
2	10	寄發九十年度各類所得扣繳暨免扣繳憑單、股利憑單予納稅義務人截止日。
2	28	資產重估價申請截止日。
5	1	九十年度所得稅結算申報暨九十年度股東可扣抵稅額帳戶變動明細表申報開始日。
5	31	九十年度所得稅結算申報暨九十年度股東可扣抵稅額帳戶變動明細表與未分配盈餘申報截止日。
6	30	採曆年制者，使用藍色申報書申請截止（新設立之營利事業除外）。
9	1	1.營利事業所得稅暫繳申報開始。 2.存貨估價方法之使用或變更申請開始。 3.存貨零售價法計價之使用申請開始。 4.固定資產折舊方法之使用或變更申請開始。 5.短期投資之估價方法使用或變更申請開始。
9	30	暫繳申報、短期投資之有價證券及存貨估價方法、固定資產折舊方法之使用或變更申請截止。
12	31	1.新購符合促進產業升級條例第五條規定之設備選定加速折舊獎勵之申請截止。 2.執行業務者九十二年度帳簿驗印截止。 3.職工退休辦法新訂或修訂之報備截止。 4.新設立營利事業使用藍色申報書之申請截止。

【附註四】稅務行事曆：非定期辦理事項

工作提要	辦理時間及相關規定
各類所得扣繳稅額之繳納	所得稅法第八十八條，各類所得稅款之扣繳義務人，應於次月十日前將上一月內所扣繳稅款項向國庫繳納。（所得稅法第 92 條第一項）

（非）營利事業有解散等事由時，扣繳稅款之報繳	營利事業有解散、廢止、合併或轉讓，或機關、團體有裁撤、變更時，扣繳義務人應隨時就已扣繳稅款數額填發扣繳憑單，並於十日內向該管稅徵機關申報。（所得稅法第92條第一項）
代扣非境內居住者稅款，該扣繳稅款之報繳	非中華民國境內居住者（個人或營利事業），有所得稅法第八十八條規定各類所得時，扣繳義務人應於代扣稅款之日起十日內向公庫繳納，並向主管稽徵機關申報。（所得稅法第92條第二項）
年度中死亡綜合所得稅之申報	中華民國境內居住之個人於年度中死亡，其死亡及以前年度之課稅所得，應由遺囑執行人、繼承人或遺產管理人於死亡人死亡之日起三個月內辦理結算申報。（所得稅法第71條之1第一項）
年度中離境綜合所得稅之申報	中華民國境內居住之個人，於年度中廢止境內之住所或居所離境者，應於離境前就該年度之所得辦理結算申報。（所得稅法第71條之1第二項）
未分配盈餘申報	營利事業遇有解散或合併者，應於解散或合併日起四十五日內，填具申報書，就截至解散日或合併日止尚未加徵百分之十營利事業所得稅之未分配盈餘，向該管稽徵機關申報，並計算應加徵之稅額，於申報前自行繳納。（所得稅法第102條之2第三項）
災害損失之申報	納稅義務人遇有不可抗力之災害（地震、風災、水災、旱災、蟲災、火災及戰禍等）損失，應於災害發生後十五日內（九二一地震除外）檢具損失清單及證明文件，報請該管稽徵機關勘查。（查核準則第102條第一、二款；財政部84.5.1.台財稅第841621239號函）
營利事業設立登記	營利事業之設立、或合併受讓後，另立或存續時，除依其他有關法令註冊登記外，應於營業開始前向當地主管稽徵機關登記。（所得稅法第18條）
營利事業變更或註銷登記	營利事業之解散、廢止、合併、轉讓、或其名稱、地址、負責人、業務種類之變更，除依其他有關法令註冊登記外，應於十五日內依規定格式申報該管稽徵機關註銷或變更登記。（所得稅法第19條第一項）
資本額增減變更登記	營利事業之資本額有增減時，應於增減日起十五日內申報變更登記。（所得稅法第19條第二項）
公司組織之登記事項變更登記之申報	公司組織之營利事業，對已登記事項有變更者，應於辦妥公司變更登記十五日內向主管稽徵機關申報。（營利事業登記規則第8條第三項）
商品盤損之申報	商品盤損應於事實發生後十五日內向主管稽徵機關申報。（查核準則第101條）

【附註五】牌照稅及燃料稅稅率表：

分類	自用小客車				自用小貨車				
排氣量	牌照稅	燃料稅	稅金總額	每月金額	牌照稅	汽油燃料稅	柴油燃料稅	汽油總金額	柴油總金額
500 以下	1620	2160	3780	315	900	2160	1296	3060	2196
501-600	2160	2880	5040	420	1080	2880	1728	3960	2808
601-1200	4320	4320	8640	720	1800	4320	2592	6120	4392
1201-1800	7120	4800	11920	993	2700	4800	2880	7500	5580
1801-2400	11230	6210	17440	1453	3600	7710	4626	11310	8226
2401-3000	15210	7200	22410	1868	4500	9910	5940	14410	10440
3001-3600	28220	8640	36860	3072	5400	11880	7128	17280	12528
3601-4200	28220	9810	38030	3169	6300	13500	8100	19800	14400
4201-4800	46170	11220	57390	4783	7200	15420	9252	22620	16452
4801-5400	46170	12180	58350	4863	8100	16740	10044	24840	18144
5401-6000	69690	13080	82770	6898	9000	18000	10800	27000	19800
6001-6600	69690	13950	83640	6970	9900	19170	11502	29070	21402
6601-7200	111700	14910	131910	10993	10800	20490	12294	31290	23094
7201-7800	111700	15720	132720	11060	11700	25530	15318	37230	27018
7804-8400	151200	15720	166920	13910	12600	27000	16200	39600	28800
8401-9000	-	-	-	-	13500	27000	16200	40500	29700
9001-9600	-	-	-	-	14400	28650	17190	43050	31590
9601-10200	-	-	-	-	15300	32880	19728	48180	35028
10201 以上	-	-	-	-	16200	32880	19728	49080	3

機器腳踏車使用牌照稅稅額表	
汽缸總排氣量（立方公分）	稅額
150（含 150 以下）	0 元
151～250	1,650 元
251～500	5,400 元
501～600	10,800 元
601 以上	23,040 元

【附註六】地價稅稅率一覽表：

稅目	類目	稅率
地價稅	一、自用住宅用地	千分之二
	二、國民住宅用地	千分之二
	三、勞工宿舍用地	千分之二
	四、公共設施保留地	全免或千分之二、千分之六
	五、工業、礦業、停車場、加油站等用地	千分之十
	六、公有土地	千分之十
	七、私有一般土地	
	1. 未超過累進起點地價者	千分之十
	2. 超過累進起點地價未達五倍者，就其超過部分課徵	千分之十五
	3. 超過累進起點地價五倍未達十倍者，就其超過部分課徵	千分之二十五
	4. 超過累進起點地價十倍未達十五倍者，就其超過部分課徵	千分之三十五
	5. 超過累進起點地價十五倍未達二十倍者，就其超過部分課徵	千分之四十五
	6. 超過累進起點地價二十倍以上者，就其超過部分課徵	千分之五十五

【附註七】房屋稅按下列使用類別稅率課徵：

類別	稅率	教育捐	備註
住家用	按其現值課徵 1.38%	不附徵	A.房屋同時作住家及非住家用時，以其實際使用面積分別按住家用或非住家用稅率課徵。例如自宅一樓設事務所，二至五樓仍作住家使用，則一樓按非住家非營業用之 2%課徵，二至五樓按住家用 1.38%課徵非住家非營業用（適用對象包括私人醫院、診所 自由職業事務所及人民團體）按其現值課徵。
營業用	按其現值課徵 3%	1.台灣省按本稅附徵 30% 2.台北市按其現值附徵 1%	
住家用	按其現值課徵 1.38%	不附徵	
營業用	按其現值課徵 3%	1.台灣省按本稅附徵 30% 2.台北市按其現值附徵 1%	
非住家非營業用（適用對象包括私人醫院、診所自由職業事務所及人民團體）	按其現值課徵 2%	不附徵	B.空置不為使用之房屋，應按使用執照用途課稅。例如某乙於某地購置新建二層透天房屋一棟，依使用執照用途一樓為店舖，二樓為住宅，因購買後空置不用，依上開規定，一樓得按非住家用稅率，二樓按住家用稅率分別課徵房屋稅

【勞保老年給付請領資格】　　　　　　更新日期 2005/4/22

被保險人參加保險之年資合計滿 1 年，男性年滿 60 歲或女性年滿 55 歲退職者。被保險人參加保險之年資合計滿 15 年，年滿 55 歲退職者。被保險人在同一投保單位參加保險之年資合計滿 25 年退職者。被保險人參加保險之年資合計滿 25 年，年滿 50 歲退職者。被保險人擔任經中央主管機關核定具有危險、堅強體力等特殊性質之工作合計滿 5 年，年滿 55 歲退職者。

第八篇

銀行實務

金融機構要健全授信業務，提高放款品質，確保債權，使授信風險降至最低，必須保握 5P 原則進行信用評估；另凡借款戶帳列各金融機構授信歸戶總金額，加上本次申貸金額如逾新台幣三仟萬元者，應徵提會計師財務簽証報表，未逾新台幣三仟萬元者，應徵提年度營利事業報稅報表，做為審核之依據。

　　金融機構之收益來源仍以利差收入（Spread Income）為主，近年來平均之利差收入約僅 2-3%，但平均逾放比卻高達 8-10%；因此如何增加無風險之手續費收入（Fee Income）及高利差之小額貸款，便成為目前金融機構追求穩定收益之主要目標。

　　另金融機構針對電腦個人資料保護法之實行及洗錢防治法之落實，均是避免糾紛、避免違法之不二法門。

一、5P

　　指金融機構授信決策之信用評估要素，其中以 People 為首要；因為主事者如有誠信，即使公司財務發生危機，其也會想盡辦法解決，但主事者如無誠信，即使公司營運再好，也會因掏空公司資產而危害公司之生存。

　　1.借款戶（People）：評估借款戶或負責人是否具備責任感、履行契約及償還債務之意願；查詢其過往之經營成效和銀行往來狀況。

　　2.資金用途（Purpose）：金融機構授信予客戶，是

希望此筆授信能讓客戶創造收益之積極效果，因此對其資金運用計劃需評估可行性及了解是否涉及大陸投資，尤其是中長期授信案件。

3. **還款財源（Payment）**：評估借款戶在借款到期時是否有足夠的還款資金；針對短期授信案需考量其營收及季節性資金需求、應收帳款之收回日期及主要出貨客戶之信用狀況；中長期授信案需考量盈餘加計折舊費用之現金流量預估，評估是否會有資金缺口；另中小企業主之信用卡預借現金及非銀行借款餘額亦頗重要。

4. **債權保障（Protection）**：此為授信之 Second Way Out，防備借款戶不能依原訂契約償還本息時，仍可收回放款；方式有徵提擔保品和第三者之背書保証。授信時，如以不動產擔保品為核准依據，在景氣不佳時常會造成金融機構莫大之損失。

5. **借款戶展望（Perspective）**：現今經濟活動日趨複雜，產業技術日新月異，因此需考量其未來營運狀況之展望及對往來金融機構之整體利潤貢獻度及潛力。

二、信用評等制度

透過中華信用評等公司或國際知名之 S&P、Moody's 進行信用評等後，可降低籌資成本及提供外界依循之標準；評等項目主要包括公司經營之策略與環境、本身之特性與背景及其他風險控管能力。

其分級定義如下表：

1.短期債信

Moody's	S&P	定義
P－1	A－1	指該債務人絕對按時付款。
P－2	A－2	指其按時付款的能力很強。
P－3	A－3	指尚有令人滿意或尚可接受的按時支付本息能力。
NP	B	Moody's 評為 Not Prime 僅表示非優良等級；S&P 則指其僅有能力按時償付本息，但其能力可因任何短期不利因素而消滅。
	C	指其短期償付能力令人質疑。
	D	指其毫無償付本息能力。

2.長期債信

Moody's	S&P	定義
Aaa	AAA	特優等（Prime Grade），表示償還本息之能力極度卓越。
Aa1 Aa2 Aa3	AA＋ AA AA－	優等（High Grade），表示有十分強的償還本息能力。
A1 A2 A3	A＋ A A－	佳等（Upper Medium Grade），表示有良好之償還本息能力，但易受到經濟情況及環境改變而造成不利之影響。
Baa1 Baa2 Baa3	BBB＋ BBB BBB－	中等（Medium grade），在其提供充份擔保情形下，擁有相當能力償還本息。
Ba1 Ba2 Ba3	BB＋ BB BB－	具投資風險等級（Speculative Grade），表示其不至於不履行償付，但當它面對重大的不穩定情況，或暴露於營運、財務或經濟劣勢下，可能無法按時償付本息。
B1 B2 B3	B＋ B B－	相當具投資風險等級（Distinctly Speculative Grade），表示其現今能力恰可支付本息，不利之營運、財務或經濟情況將惡化其償付能力。

Caa	CCC	表示其現今有可確認的困難無法償付本息，且依賴較佳的營運、財務或經濟情況來償付本息。
Ca	CC	具有高度投機風險，表示其經常無法償付本息，或有其他明顯之缺點。
C	C	視為償債能力極端低弱。
	D	視為根本無法償付本息。

三、授信產品

1. **透支**：指銀行准許借款人對其支票存款戶存款餘額不足支付票款時，得在約定期限及額度內支用款項之經常性融資。透支係專為業務財務優良且具自律精神之借款人便於資金調度而設，其因屬備用性額度，因此動用利率會較一般授信高。

2. **商業本票保證**（Commercial Paper Guarantee）：一般公司發行時需經銀行或票券金融公司保証（約0.1%～2%）（國營事業除外）、簽證（0.03%）、承銷（0.25%）、集保（0.038%）才能流通及從市場取得資金。但其所有費用及利息均採期初一次扣繳方式辦理；因此其實質利率成本會稍高於名目利率成本；產業最常見之無風險套利方法為藉由發行CP取得之資金購買債券型基金或定存，以賺取其中之利差。

3. O/A（Open Account）、D/A（Documents Against Acceptance）、D/P（Documents Against Payment）、L/C（Letter of Credit）：D/A的買方只需在跟單匯票上簽章承諾債務後，即可先取得提單，憑以提領貨務，俟

承兌之匯票到期後，買方始需付款；D/P的買方付款後，代收銀行始能將提單等單據交付買方以憑提貨；L/C又可分為即期信用狀（At Sight L/C）、買方遠期信用狀（Buyer's Usance L/C）、賣方遠期信用狀（Seller's Usance L/C）及進口押匯。提貨時通常均為副擔保提貨，但如因貨物已到埠，但押匯單據尚未寄達開狀銀行時，需向開狀行另外申請擔保提貨背書，有些銀行會將此背書保証金額計入額度動用，有些則否。

4. **應收帳款受讓（Factoring）**：其功能有承擔買方信用風險、資金融通、帳務管理及收款服務及提供市場及產業諮詢的服務。其費用有申請費、保証手續費（依買方信用狀況、交易金額大小、平均發票金額大小及付款條件長短）及墊款息（依賣方信用狀況、交易金額大小）。銀行主要之風險在於Due Diligence是否確實，以避免假發票之情形發生及買方是否會依約將款項匯入指定帳戶，另需注意除外條款之貿易糾紛不保；此業務適合資金週轉不是很充裕或需做報表美化飾窗效果（Window Dressing）之公司。

	墊款	承擔風險	通知買方	帳務管理	催帳
Full Service	◎	◎	◎	◎	◎
With Recourse	◎	×	◎	◎	◎
Invoice Discounting	◎	×	×	×	×

1. **遠期信用狀買斷業務**（Forfaiting）：其為以無追索權的方式購買出口商因銷售商品或勞務而產生的未到期票據債權，通常為匯票或本票，並預扣貼現息後，付現給出口商的一種融資業務；此產品適合造船業等需數年方能完工之產業。

2. **定存質借**：有時存戶因臨時之資金需求，可於辦理定存解約或定存質借中擇一有利者辦理之，通常以承作定存利率加碼 0.75%～2.0%為借款利率。

3. **房屋貸款**（Mortgage Loan）：分為一般非循環性房貸及理財循環性房貸，通常前者借款利率會比後者低 2%以上；且前者較適合運用資金效益較不靈活之保守型投資人。至於房貸之貸款成數除考慮借款人之財務狀況、擔保品接手性、借款期間長短、借款用途外尚需考慮借款人之收入穩定度（如失業率高低）來調整貸款成數，而不是一昧以每月攤還本息不逾每月家給的三分之一計。另產險投保金額不得低於貸款金額，以保障雙方之火災及天災風險；至於產險公司退給銀行之團體保費退佣達 50%～60%，可與承辦銀行商討分享此一退佣。另近來由於房屋之實際成交價常遠低於市價，造成銀行所評估之 NAV1 或 NAV2 仍比實際成交價高 20%－30%，此時銀行之實際債權擔保性便不足。

4. **信用卡業務**：現行之信用卡（Credit Card）發卡組織主要有 VISA、MASTER、American Express 及 JCB；簽帳卡發卡組織主要有 Diners 及 American Express；簽

帳金融卡（Debit Card）則透過 VISA、MASTER。信用
卡申請人申請信用卡時應注意：失卡風險保障、循環利
率高低、起息時間及本金計息差異、團體保險及聯名卡
優惠及自己之用卡需求（普、金、白金、鼎級卡）。另
循環利率之名目利率均在 20%以下，乃是因應民法規定
逾名目年利率 20%者視為不法之高利貸。另各銀行因輿
論壓力而於 92 年起對未滿 20 歲之學生限申請附卡、對
20-24 歲之學生限申請 3 張及金額 2 萬；另自 92／11／
12 起，規定正卡持卡人需年滿 18 歲，附卡需年滿 15 歲。

四、存匯業務：

　　1.**票據**：票據大寫金額不得塗改，若大寫和小寫金
額不同者，應以大寫金額為準；支票未到發票日不得提
示；支票發票日滿一年，本票及匯票到期日滿三年，則
時效消滅；發票人若在支票左上角劃上平行線，則此票
據不得領現；抬頭人為個人之背書，得使用簽字或蓋
章，抬頭人為公司行號機關之背書，應蓋有與抬頭字樣
相同之圖章。另需注意票據實務與票據法不同之處：如
取消禁止背書轉讓，實務上僅需蓋一次原留印鑑便可；
支票上之發票日，實務上均視為到期日。

　　2.**定期存款**（Time Deposit）：一年期以下定存，
自動展期以五次為限；二年期定存，自動展期以二次為
限；最長期限不得超過六年。存款未到期前提前解約
者，未滿一個月不計息；存滿一個月未滿三個月者，照

一個月定存牌告利率（有些銀行以起息時之牌告為基準，有些銀行則以解約時之牌告為基準）八折計息；其餘依此類推計息；另衍生結構式存款及雙幣存款。

3. **國內跨行匯款（IBRS）**：每筆在新臺幣二佰萬元（含）以下者，計收手續費 30 元，其中 10 元由金資中心收取，20 元由匯出單位收取，每超過一佰萬元加收 10 元，由金資中心及匯出單位各收取二分之一；但每筆最高限額二仟萬元。另透過 ATM 或 FEDI 資金系統轉帳之費用則另有優惠。

4. **國外匯款（Outwards Remittance）**：在 S.W.I.F.T. 系統下之電文中以 MT100 及 MT202 電文之拍發為要。MT100 電文是由金融機構拍發予受益人往來銀行之付款指示；MT202 電文是由金融機構拍發予其存匯行，指示該存匯行借記發電銀行之帳戶，貸記收款銀行之帳戶。受理顧客匯款，應僅拍發 MT100 或 MT100 及 MT202 兩通電文，並無一定之規定，但需考量客戶權益及往來之存匯行差異，因為每通電文均有其成本及費用。現行法令規定新台幣五十萬元以上之等值外匯收支或交易，需填寫外匯結購（售）申報書；每曆年內累積結購或結售之額度規定，公司行號為五千萬美元等值外幣，團體及個人為五百萬美元等值外幣；另每筆結匯金額未達新台幣五十萬元之交易，除免填外匯收支或交易申報書外，其結匯金額均無需計入前項每年結匯額度內。另因貨幣之清算國均為其發行國，因此匯款時需注意匯出國、匯

入國及清算國之營業時間及例假日，以免影響客戶權益。

5. **破損鈔票之收換**：凡屬下列情形之一者，照其面額收換之：a.破損極微，其餘留部份在四分之三以上者；b.鈔票雖經撕劣，但片片均能脗合者；c.鈔票污損燻焦，但簽章、號碼文字及花紋尚可辨認者。凡破損鈔票餘留二分之一以上而不及四分之三者，照其面額半數收換之。

6. **利息所得稅扣繳規定**：國民如有金融機構存款之利息所得，每次結付金額不超過二萬元者，得免預扣10%所得稅。同一納稅義務人全年給付金額不超過一仟元者，得免製發扣繳憑單，免申報稽徵機關。另營利事業法人則不論利息金額多寡，每次結付金額均須預扣10%所得稅。

7. **存款開戶**(Account Opening)：到銀行辦理活（定）期存款之存款人，沒有資格之限制；但辦理活（定）期儲蓄存款之存款人，必須為個人或可取得國稅局免稅證明之非營利法人（大樓管理委員會如無法取得免稅證明，不得開立以管委會為名之活儲）。七歲以下無行為能力人由法定代理人親執身份証及戶口名簿於開戶文件上簽名並蓋存戶之印章。分公司應以總公司之名義開戶，但得將分公司名稱並列於戶名內。目前許多國內銀行要求活儲／活存之每日存款餘額須達新台幣伍仟元／壹萬元方予計息；而外商銀則採每月存款未達最低平均餘額門檻者，自動從帳上扣新台幣 500~2,000 元不等之帳戶管理費。另有銀行提供支存戶開立支票後，不用

將錢存入不計息之支存內，而當支票提示時，從指定活儲帳上扣款。

五、國際金融業務分行（Offshore Banking Unit/Branch）：

　　所提供之服務除不能涉及新台幣交易及匯兌業務外，基本內容與國內業務差不多；但需注意 OBU 存款免提存款準備金及境外之法人、個人可享租稅優惠，但境內之法人、個人須依法課稅；外國公司在台灣的分公司因不屬於境外法人，所以不能把錢存在 OBU；政府為增加租稅公平，擬課徵銀行 OBU 之稅負。

■境外公司設立規定比較表

項目	BVI	Hong Kong	Singapore	Cayman
股東	1	2	2	1
董事	1	2	2	1
政府登記股東	不須	必須	必須	必須
政府登記董事	不須	必須	必須	必須
當地董事	不須	不須	須至少一位	不須
當地會議	不須	不須	必須	不須
容許法人董事	可	可	不可	可
當地公司秘書	不須	必須	必須	不須
政治情況	安定	大陸管轄	安定	安定
年度申報	不須	必須	必須	必須
會計及稅務工作	不須	必須	必須	必須
成立費用	USD1,780	USD2,000	USD2,500	USD2,000
每年營運維持成本	USD1,000	USD2,000	USD3,700	USD2,000

項目	Panama	Libbria	St.Vincent	Mauritius
在外投資收益在當地是否須繳稅	否	否	否	否
營所稅稅率	0%	16%	27%	0%
財務運作	可在台灣開設OBU帳戶，操作方便，廣受歡迎	可在台灣開設OBU帳戶，操作方便。	可在台灣開設OBU帳戶，操作方便。	可在台灣開設OBU帳戶，操作方便。
項目	Panama	Libbria	St.Vincent	Mauritius
股東	1	1	1	1
董事	3	1	1	1
政府登記股東	不須	不須	不須	不須
政府登記董事	可	不須	不須	不須
當地董事	不須	不須	不須	不須
當地會議	不須	不須	不須	不須
容許法人董事	不須	可	可	可
當地公司秘書				不須
政治情況	普通	惡劣	穩定	安定
年度申報	必須	不須	不須	不須
會計及稅務工作	不須	不須	不須	不須
成立費用	USD1,780	USD1,780	USD1,780	USD1,780
每年營運維持成本	USD1,200	USD2,000	USD1,000	USD1,000
在外投資收益在當地是否須繳稅	否	否	否	否
營所稅稅率	0%	0%	0%	0%
財務運作	可在台灣開設OBU帳戶，操作不甚方便。	可在台灣開設OBU帳戶，操作不甚方便。	可在台灣開設OBU帳戶，操作方便。	可在台灣開設OBU帳戶，操作方便。

六、共同基金（Mutual Fund）

　　乃為投信公司之專業基金經理人基於市場之需求，定出其投資標的及投資策略而推出之投資工具；其投資策略可分為定時定額投資法（分散風險、儲續兼投資、理財便利）、適時進出投資法（單筆申購）及轉換調整投資組合法（調整股票型及債券型比重來分散風險）。基本上，共同基金依種類可分為股票型、平衡型、債券型、貨幣型及對沖型；依交易方式可分為開放型（依淨值交易）、封閉型（依掛牌市價交易）；依投資區域可分為單一國家型、區域型、全球型；依投資標的可分為通訊型、科技型、生化型、上市型、上櫃型…等等；依風險可分為積極成長型、成長型、穩定型、收益型。投資人在選擇基金時，勿僅依過往之表現，尚需參考各投信最熟悉之市場為何、各投信之投資屬性、各基金之計價幣別、成立時間及基金規模；以免因基金表現不佳而被強制清算。另債券型基金可分為無贖回期間限制和有贖回期間限制，及無從事買賣斷交易組合及和有從事買賣斷交易組合兩大類；95／1／1 債券型基金分流後，先前因結構式商品所衍生之流動性及收益風險便可解除。另海外基金之申購手續費約 2.0%~3.0%，而國內股票基金之申購手續費約 0.2%~1.5%。94 年初開始，投信廣推私募型共同基金以因應債券型基金大量贖回及股票型基金規模遞減所產生之營運壓力。不過私募基金之購買金額（300

萬元以上）、贖回期間、申購人資格（法人資產總額 5,000
萬元；自然人／含配偶資產淨值 1,000／1,500 萬元，年
所得 150／200 萬元）限定均與一般共同基金不同。

【註】主管機關針對提高債券之流動性而提出債券可分拆為
P/O（Principal Only）及 I/O（Interest Only）以增加購買人
之意願。

■基金網站簡介如下

網站名稱	主要內容
GoGoFund 財經網 www.gogofund.com	國內外基金淨值查詢、基金績效、Micropal 基金評比、基金公司資訊、理財資訊、投資分析、財經要聞、電子報
NetMoney 網錢站 www.netmoney.com.tw	國內基金淨值查詢、國內基金績效排行榜、個人報酬率試算、基金名詞解釋
智富網 www.smartnet.com.tw	國內外基金淨值查詢、基金新聞、國際股市行情、國內基金績效排行榜、國內基金週轉率排名、基金經理人專訪
怡富投資理財網 www.jfrich.com.tw	國際股市行情、資產配置建議、國際經際指標、基金基本知識、理財試算
Memex 基金理財資訊網 www.memex.com.tw	國內基金淨值查詢、國際股市行情、國內基金績效評比、國內外基金公司基本資料、國內基金資訊查詢、基金新聞
哈網基金 fund.haa.com.tw	基金新聞、國際股市行情、國內基金績效排行榜、國內基金公司基本資料
蕃薯藤財經網 fn.yam.com.tw	國內基金淨值查詢、國內基金公司基本資料、國際股市行情、理財試算
中時電子報 Cmoney 理財網 www.cmoney.com.tw	國內外基金淨值查詢、國際股市行情、國內基金績效排行榜、節稅新聞
年代財經網 money.eranet.net	國內基金績效排行榜、國際股市行情、財經新聞、研究報告
共同基金績效評比 www.fin.ntu.edu.tw	國內基金績效評比、風險係數

■主要投信基金公司名冊：

公司名稱	電話	網站
怡富	02-27558686	www.jfrich.com.tw
富達	02-23764313	www.fidelity.com.tw
德盛	02-87715099	www.dam.com.tw
景順	02-27557411	www.invesco.com
寶源	02-27196061	www.schroders.com.hk
柏克萊	02-27185918	www.barclays.com.hk
霸菱	02-27176866	www.baring-asset.com
安泰	02-87804980	www.asim.com.tw
國際	02-25448368	www.iit.com.tw
荷銀光華	02-23267264	www.kwanghua.com.tw
匯豐中華	02-23257788	www.csitc.com.tw
元大	02-27526666	www.yuanta.com.tw
復華	02-81616800	www.fhtrust.com.tw
保德信元富	02-23456588	www.pru.com.tw
新光	0800075858	www.skit.com.tw
統一	02-27317088	www.pitc.com.tw
大眾	02-23253939	www.tcitc.com.tw
寶來	02-25169339	sitc.polaris.com.tw
國泰	02-23813000	www.cathysite.com.tw
永昌	02-27196688	eitc.entrust.com.tw
群益	02-27069777	www.capitalfund.com.tw
富邦	02-87716888	www.fsit.com.tw
阿波羅	02-27236000	www.apolloyes.com
友邦	02-25168852	www.aig.com.tw
中央國際	02-27646699	www.centralsitc.com.tw
蘇黎世	02-87713888	www.zurich.com.tw
盛華	02-27787658	www.shenghua.com.tw

聯合	02-27551234	www.ui.com.tw
金亞太	02-27188001	www.apit.com.tw
日盛	02-87326988	www.jsfund.com.tw
凱基	02-27187000	www.kgifund.com.tw
聯邦	02-25463399	www.usitc.com.tw
台育	080066008	www.tytrust.com.tw
建弘	02-25041000	www.nitc.com.tw

第九篇

信託金融

信託制度（Trust）在英國奠基之後，直至今日其已成為一項重要的財產管理制度，管理者必須具有專門的知識與經驗方能勝任。我國於民國 84 年 12 月 29 日通過信託法；於民國 89 年 7 月 21 日通過信託業法；為因應信託法及信託業法之施行，乃於民國 90 年 5 月 29 日通過所得稅法、遺產及贈與稅法、土地稅法、契稅條例、房屋稅條例、平均地權條例和加值型及非加值型營業稅法等之修正。至此，我國之信託業務方進入新紀元，但因金融業僅好金錢信託產品，及從業人員未能了解信託制度之相關規範，造成除信託基金及保險信託外，其它可以依金錢計算價值之信託財產產品少被提出。

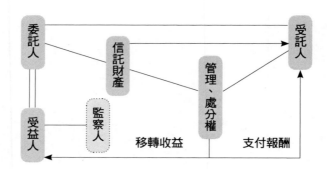

一、信託五大功能

信託如要在社會生活中全面性生根，須活用其五大功能：

1. **基本功能**：委託人基於信託行為而移轉信託財產給受託人，而受託人則須依信託本旨或信託目的管理或

處分信託財產。

　　2. **保全功能**：為特定人的生活保護或扶養，而防止財產的損失或減少。

　　3. **增值功能**：亦有不重視財產之安全性，而專以追求利潤而設定的　信託。

　　4. **公益功能**：亦有以慈善、文化、學術、技藝、宗教、祭祀或其他公共利益為目的而設定的信託。

　　5. **導管功能**：信託可為資產證券化的導管體，以分割委託人所擁有之受益權，使其得以轉讓給投資大眾，進而獲取資金。

二、信託六大類

　　信託依不同的觀點可區分為六大類：

　　1. **任意信託與法定信託**：任意信託係指依當事人的意思表示而成立的信託，如契約信託與遺囑信託；法定信託係指依法律規定而成立的信託，如公益信託。

　　2. **契約信託與遺囑信託**：契約信託係指依委託人與受託人間意思表示的合意而設定；遺囑信託係指由委託人以遺囑設定，自委託人死亡時發生效力，不以受託人承諾管理、處分信託財產為信託之成立要件，遺囑指定之受託人拒絕時，利害關係人或檢查官得聲請法院選任受託人。

　　3. **自益信託與他益信託**：自益信託係指委託人為自己的利益而設定；他益信託係指委託人為第三人的利益而設定信託。

4.**私益信託與公益信託**：公益信託係指以慈善、文化、學術、技藝、宗教、祭祀或其它公共利益而設定的信託，其監督機關為目的事業主管機關，其受託人除經目的事業主管機關同意不得辭任；私益信託係指公益信託以外的信託，其監督機關為法院，其受託人除經委託及受益人或法院同意不得辭任。

5.**營業信託與非營業信託—依受託人是否以承受信託為營業**：營業信託除應適用信託法之規定外，尚應適用信託業法及其他相關特別法的規定；非營業信託適用信託法及民法的規定。

6.**個別信託與集團信託**：個別信託係指受託人就各個委託人所信託的特定財產，個別予以管理的信託；集團信託係指受託人受多數委託人的信託，而集合社會大眾的資金，依特定目的概括加以運用的信託。

三、信託關係人

所謂信託關係人，包括有下述四者：

1.**委託人**：如其為自然人，須受民法有關行為能力的限制；如其為法人，應受法人本身制度的限制（如章程和營登）。

2.**受託人**：未成年人、禁治產人及破產人不得為受託人；信託業或信託業務的銀行，不得辦理自行的員工持股信託業務。

3.**受益人**：自然人、法人、禁治產人、破產人、未成

年人及非死產者之胎兒均可為受益人；受益人如有數人時，得由其中一人行使撤銷權，自受益人知有撤銷原因時起，一年間不行使而消滅；自處分時起逾十年者亦同。

4.**監察人**：在受益權發生後、受益人確定前，則生受益權無從歸屬或浮動狀態時，須設置監察人，行使保權受益權的權限，以保護受益人的利益。

四、無效信託及獨立五原則

信託目的有下列情形者，其行為無效或得為撤銷：

（1）違反強制禁止規定；

（2）違反公序良俗；

（3）訴願及訴訟信託；

（4）脫法信託；

（5）詐害信託。

信託財產在法律上歸屬於受託人，名義上亦為受託人所有，但信託財產應受信託目的拘束，並為信託目的而獨立存在，其獨立性之五原則如下：

（1）信託財產非繼承性；

（2）破產財團的排除；

（3）強制執行的禁止；

（4）抵銷的禁止；

（5）混同的限制。

第十篇

行銷規劃管理

行銷（Marketing）是藉創造與交換產品和價值，而讓個人與群體滿足其需要和慾望的管理程序。每個行銷人員均需透過行銷管理之規劃，方能適時、準確的接近目標客戶群，並取得客戶之長期信任，進而達到獲利目標。另需知行銷人員在整個交易流程中最可數據化之步驟便是－結案（Close Deal），否則任憑你具十八班武藝，也於事無補。

■銷售（Sales）與行銷的差異比較如下

觀念	起點	重點	手段	目的
銷售	工廠	現有產品	推銷及促銷	增加銷售以創造利潤
行銷	市場	顧客需求	整體行銷	提高顧客滿足以創造利潤

　　每個公司在其特定的情境、機會、目標和資源下，必須透過策略規劃找出一個符合公司維持長期生存與成長的策略，使得公司的目標及能力能有效的配合變動的行銷機會。

　　首先我們可用波士頓顧問團模式（BCG）來分析目前的事業組合以做最有效之資源分配，及進一步決定各事業單位未來的角色；因為不同之角色會有不同之資金需求，及可依其角色決定個別事業單位擴充或裁撤。

BCG 象限圖

<table>
<tr><td></td><td colspan="2"></td></tr>
<tr><td rowspan="2">市場成長率</td><td>高</td><td>STAR
明星事業</td><td>Question Mark
問題事業</td></tr>
<tr><td>低</td><td>CASH COW
搖錢事業</td><td>DOG
苟延殘喘事業</td></tr>
<tr><td></td><td></td><td>高</td><td>低</td></tr>
</table>

相對市場佔有率

　　其次以產品／市場擴張格矩來確認市場機會。如 1.
滲透市場（Market Penetration）：利用價格策略在不改變
產品的情況下，提高現有市場之銷售額；2.市場發展
（Market Development）：為現有產品尋找及發展其它市
場；3.產品發展（Product Development）：為現有市場提
供改良產品或新產品；4.多角化（Diversification）：開創
或購買其它事業以創造事業之第二春。

	現有產品	新產品
現有市場	市場滲透	產品發展
新市場	市場發展	多角化

　　在經過策略規劃確定公司整體的使命及目標後，接
下來公司需區分出最具潛力的市場（Target Niche）一區

隔市場→選擇市場→市場定位；擬定 4P（產品／Product、價格／Price、通路／Place／Channel、促銷／Promotion）之行銷組合去滿足這些市場區隔。其中我們需先依馬斯洛（Maslow）的需要金字塔理論（Needs Hierarchy）來了解客戶之購買動機，方能擬定最適當之4P 針對目標客戶發動攻勢。

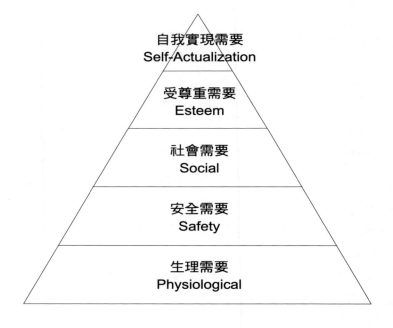

目前行銷方法中最熱門之首選為網路交易，其雖是交易成本最低且接觸客戶最快方式；但其最為人所詬病者為雙方缺乏交易安全之信任基礎：

1. 現行網路交易通用之 SSL 系統，因缺乏認證之管制，其交易之安全性便大受質疑。

2. 現行金資體系使用 SET 之系統雖有認證之管制，但卻無法普及運用在一般之網路交易上；因此較佳之網路交易模式為客戶上網站查詢產品，但至其通路購買。

　　吾等常聽到「認識客戶」（Know Your Customer），此觀念除要了解客戶之需求與背景外；尚需了解客戶之貢獻度、獲得成本、維持成本、顧客終生價值方能稱之。可利用 80/20 理論找出前 20%客戶之實質需求，並列為行銷目標；找出後 20%客戶之實質需求，並減少費用支出。據上述觀念，儘快找出臉上寫著「＄」符號之客人及確定利潤來源以建立競爭者之進入門檻。另須避免下述 5 項失敗之迷失：

　　（1）拒絕承認賠錢客戶之存在；

　　（2）無經濟效益之客戶數成長；

　　（3）僅重視客戶之平均價值；

　　（4）忽略 80/20 理論之行銷策略；

　　（5）未讓董事會及投資者了解客戶貢獻度之區隔以提升股價。

　　最後，行銷人員必須不斷地進行分析、規劃、執行與控制來掌握與調整整個產品、服務、人員及形象差異化行銷計劃。

第十一篇

結論

兩岸加入 WTO 之後，會員國需遵守具強制拘束力之多邊貿易協定及屬於選擇性的雙邊貿易協定。雖其主要精神有最惠國待遇（Most Favored Nation Treatment）、國民待遇（National Treatment）、關稅減讓原則、禁止實施數量限制、透明化原則；但台灣金融業仍面臨眾多往來客戶或潛在客戶移師至大陸，但其並無法於大陸設立分行、或即使未來核准於大陸設立分行，也面臨無法取得人民幣拆放業務執照之窘境；二次金改是否成功，攸關未來金融業之發展前景，希望政府能排除政治阻礙，以免因虧損又要全民買單；近來銀行於購併目標銀行後大幅打呆，將不良資產以低價出售予特定人成立之 AMC，涉嫌圖利他人並損害原股東之權益。入會後對金融服務業之主要影響如下：

入會承諾	影響
放寬外銀在台設立分行及辦事處限制	外銀服務內容及據點增加、國銀競爭加劇
取消外銀吸收台幣存款、經營票券承銷、簽證限制	外銀與國銀立足點平等，競爭加劇
開放外國保險公司進入我國市場	保險公司競爭加劇
開放外國人設立票券金融公司、外匯經紀商	相關業者競爭加劇
放寬外國券商分支機構設置標準、取消外國人持有本國券商股權限制	券商競爭加劇，券商購併案會加速
取消外資投資本國股市限制	國內股市加速國際化、外資進出方便、匯率波動變大

　　上述 WTO 開放之影響已使金融業面臨相當之衝擊，如加上近來不景氣之投資虧損及擬實施之債券課稅規劃，更是讓金融業雪上加霜；另壽險業所面臨之問題則更為嚴重，因其除上述三項沖擊外，其更面臨因低利率趨勢而使保費收入無法創造可觀利息收入（最低須4.5%）以支應龐大費用之窘境；及各商業銀行爭相成立保險代理人公司以爭食此塊大餅，而壽險業卻僅能以裁減業務員方式來因應。

金融業產品可區分為三大類：

　　1.High spread→現金卡／信用卡／信貸／車貸／小企業貸款；

　　2.Fee incomes→財管／財務部

　　3.Umbrella→企業放款／房貸；爾後消金重要性降低，企金重新台頭，而財管重心則會由基金轉向保險之銷售。

整體之金融環境面臨

　　1.市場利率上升：存放利差下降；

　　2.被併銀行大幅打呆：原股東成為受害者；

　　3.一銀／台企改革回歸原點：政府改革決心／工會；

　　4.信用卡剪卡率達 77%：成本增加；

　　5.融資公司擬開放：競爭加遽；

　　6.金控內部派系鬥爭：影響戰力及跨售；

7.國際競爭力面臨規模、廣度及政治困境；

8.高利差之現金卡及信用卡呆帳率大幅提升：影響外資對台之金融穩定信心。

銀行面臨新增及討論中之限制有：

1.通路契約：影響業績及糾紛；

2.利差限制：影響高利差產品之獲利擬定利差上限為 10%；

3.財管及 Factoring：降低銀行之競爭力；

4.營業稅：減少打銷壞帳之意願;

5.第 34、36 號公報：表外項目沖擊；

6.勞退新制提撥：增加雇用費用；

7.新巴塞爾資本協定：增加銀行及券商費用。

立法院為防止金控財團化所為之限制恐會有增無減；何況金控衍生之相關挑戰尚有：

1.租賃公司：承受母公司壞帳／護盤；

2.券商：失去 IPO／SPO 之資本利得；

3.壽險：保險給付納入最低稅負課徵範圍、利差損嚴重、地下保單猖獗；

4.投信：債券型基金之流動性風險及贖回潮；

5.次順位金融債券對 BIS 及 EPS 之影響。

　　另值此金融控股之起步期及加入 WTO 之調適期，訓練行員成為專業之財務設計顧問不僅可以強化銀行之競爭力、建立銀行之企業形象、更可以幫助國家邁向

國際金融中心之大門。但願天下有志成為財務人者，勿以財務專家自許，而以不斷學習之財務人自居。須知，財務領域如同一深不可測之森林，任何人皆可輕易的進入這塊聖地，但尚無一人可全覽這變動聖地之全貌，你越接近她越覺得所學尚淺；因為財務之難以掌握，在於客戶需求多樣性、產品變化日新月異、及法令規章之複雜度；因此，任何財務人需長期掌握專業的報紙、期刊、雜誌、書籍及網站，再加上邏輯思考及創意之腦力激盪（Brainstorm）以應付日新月異之金融市場，方能勝任財務設計顧問之頭銜。

　　而財務設計顧問的主要存在價值便在隨時供給滿足客戶需求之建議及進一步創造客戶之需求；而要達成此目標沒有專業的知識、無私的奉獻、自律且積極的態度是無法完成的。

■補充資料一

信託法
第一條　（定義）
稱信託者，謂委託人將財產權移轉或為其他處分，使受託人依信託本旨，為受益人之利益或為特定之目的，管理或處分信託財產之關係。
第二條　（信託之成立）
信託，除法律另有規定外，應以契約或遺囑為之。
第三條　（保障受益人之權益）
委託人與受益人非同一人者，委託人除信託行為另有保留外，於信託成立後不得變更受益人或終止其信託，亦不得處分受益人之權利。但經受益人同意者，不在此限。
第四條　（信託公示之原則）
以應登記或註冊之財產權為信託者，非經信託登記，不得對抗第三人。以有價證券為信託者，非依目的事業主管機關規定於證券上或其他表彰權利之文件上載明為信託財產，不得對抗第三人。以股票或公司債券為信託者，非經通知發行公司，不得對抗該公司。
第五條　（信託行為無效之情形）
信託行為，有左列各款情形之一者，無效：一、其目的違反強制或禁止規定者。二、其目的違反公共秩序或善良風俗者。三、以進行訴願或訴訟為主要目的者。四、以依法不得受讓特定財產權之人為該財產權之受益人者。
第六條　（撤銷權之聲請）
信託行為有害於委託人之債權人權利者，債權人得聲請法院撤銷之。前項撤銷，不影響受益人已取得之利益。但受益人取得之利益未屆清償期或取得利益時明知或可得而知有害及債權者，不在此限。信託成立後六個月內，委託人或其遺產受破產之宣告者，推定其行為有害及債權。
第七條　（撤銷權行使之除斥期間）
前條撤銷權，自債權人知有撤銷原因時起，一年間不行使而消滅。自行為時起逾十年者，亦同。
第八條　（信託關係）
信託關係不因委託人或受託人死亡、破產或喪失行為能力而消滅。但信託行為另有訂定者，不在此限。委託人或受託人為法人時，因解散或撤銷設立登記而消滅者，適用前項之規定。

第二章　信託財產
第九條　（信託財產）
受託人因信託行為取得之財產權為信託財產。受託人因信託財產之管理、處分、滅失、毀損或其他事由取得之財產權，仍屬信託財產。
第十條　（信託財產不屬於受託人之遺產）
受託人死亡時，信託財產不屬於其遺產。
第十一條　（信託財產不屬於受託人之破產財團）
受託人破產時，信託財產不屬於其破產財團。
第十二條　（受託人之債權人原則上不得對信託財產聲請強制執行）
對信託財產不得強制執行。但基於信託前存在於該財產之權利、因處理信託事務所生之權利或其他法律另有規定者，不在此限。違反前項規定者，委託人、受益人或受託人得於強制執行程序終結前，向執行法院對債權人提起異議之訴。強制執行法第十八條第二項、第三項之規定，於前項情形，準用之。
第十三條　（債權債務不得互相抵銷）
屬於信託財產之債權與不屬於該信託財產之債務不得互相抵銷。
第十四條　（財產權之取得）
信託財產為所有權以外之權利時，受託人雖取得該權利標的之財產權，其權利亦不因混同而消滅。
第十五條　（信託財產之管理方法）
信託財產之管理方法，得經委託人、受託人及受益人之同意變更。
第十六條　（信託財產管理方法因情事變更得聲請法院變更）
信託財產之管理方法因情事變更致不符合受益人之利益時，委託人、受益人或受託人得聲請法院變更之。前項規定，於法院所定之管理方法，準用之。
第三章　受益人
第十七條　（信託利益）
受益人因信託之成立而享有信託利益。但信託行為另有訂定者，從其所定。受益人得拋棄其享有信託利益之權利。
第十八條　（受益人撤銷權之行使）

受託人違反信託本旨處分信託財產時，受益人得聲請法院撤銷其處分。受益人有數人者，得由其中一人為之。前項撤銷權之行使，以有左列情形之一者為限，始得為之：一、信託財產為已辦理信託登記之應登記或註冊之財產權者。二、信託財產為已依目的事業主管機關規定於證券上或其他表彰權利之文件上載明其為信託財產之有價證券者。三、信託財產為前二款以外之財產權而相對人及轉得人明知或因重大過失不知受託人之處分違反信託本旨者。

第十九條　（撤銷權行使之排斥期間）

前條撤銷權，自受益人知有撤銷原因時起，一年間不行使而消滅。自處分時起逾十年者，亦同。

第二十條　（受益權讓與）

民法第二百九十四條至第二百九十九條之規定，於受益權之讓與，準用之。

第四章　受託人

第二十一條　（受託人資格之限制）

未成年人、禁治產人及破產人，不得為受託人。

第二十二條　（信託事務之處理）

受託人應依信託本旨，以善良管理人之注意，處理信託事務。

第二十三條　（請求賠償及減免報酬）

受託人因管理不當致信託財產發生損害或違反信託本旨處分信託財產時，委託人、受益人或其他受託人得請求以金錢賠償信託財產所受損害或回復原狀，並得請求減免報酬。

第二十四條　（受託人個人財產與信託財產之管理）

受託人應將信託財產與其自有財產及其他信託財產分別管理。信託財產為金錢者，得以分別記帳方式為之。前項不同信託之信託財產間，信託行為訂定得不必分別管理者，從其所定。受託人違反第一項規定獲得利益者，委託人或受益人得請求將其利益歸於信託財產。如因而致信託財產受損害者，受託人雖無過失，亦應負損害賠償責任；但受託人證明縱為分別管理，而仍不免發生損害者，不在此限。前項請求權，自委託人或受益人知悉之日起，二年間不行使而消滅。自事實發生時起，逾五年者，亦同。

第二十五條　（信託事務之代理）

受託人應自己處理信託事務。但信託行為另有訂定或有不得已之事由者，得使第三人代為處理。

第二十六條　（代為處理信託事務之第三人，應負與受託人同一之

責任）

受託人依前條但書規定，使第三人代為處理信託事務者，僅就第三人之選任與監督其職務之執行負其責任。前條但書情形，該第三人負與受託人處理信託事務同一之責任。

第二十七條　（受託人違反處理信託事務，應使該第三人與其負連帶責任）

受託人違反第二十五條規定，使第三人代為處理信託事務者，就該第三人之行為與就自己之行為負同一責任。前項情形，該第三人應與受託人負連帶責任。

第二十八條　（受託財產為全體受託人所公同共有）

同一信託之受託人有數人時，信託財產為其公同共有。前項情形，信託事務之處理除經常事務、保存行為或信託行為另有訂定外，由全體受託人共同為之。受託人意思不一致時，應得受益人全體之同意。受益人意思不一致時，得聲請法院裁定之。受託人有數人者，對其中一人所為之意思表示，對全體發生效力。

第二十九條　（連帶清償責任）

受託人有數人者，對受益人因信託行為負擔之債務負連帶清償責任。其因處理信託事務負擔債務者，亦同。

第三十條　（受託人因信託行為對受益人所負擔之債務，僅於信託財產限度內負履行責任）

受託人因信託行為對受益人所負擔之債務，僅於信託財產限度內負履行責任。

第三十一條　（信託財產目錄）

受託人就各信託，應分別造具帳簿，載明各信託事務處理之狀況。受託人除應於接受信託時作成信託財產目錄外，每年至少定期一次作成信託財產目錄，並編製收支計算表，送交委託人及受益人。

第三十二條　（利害關係人於必要時，得請求閱覽、抄錄或影印）

委託人或受益人得請求閱覽、抄錄或影印前條之文書，並得請求受託人說明信託事務之處理情形。利害關係人於必要時，得請求閱覽、抄錄或影印前條之文書。

第三十三條　（受託人關於信託財產之占有，承繼委託人占有之瑕疵）

受託人關於信託財產之占有，承繼委託人占有之瑕疵。前項規定於以金錢、其他代替物或有價證券為給付標的之有價證券之占有，準用之。

第三十四條　（受託人不得以任何名義，享有信託利益）

受託人不得以任何名義，享有信託利益。但與他人為共同受益人時，不在此限。

第三十五條　（禁止受託人將信託財產轉為自有財產）

受託人除有左列各款情形之一外，不得將信託財產轉為自有財產，或於該信託財產上設定或取得權利：一、經受益人書面同意，並依市價取得者。二、由集中市場競價取得者。三、有不得已事由經法院許可者。前項規定，於受託人因繼承、合併或其他事由，概括承受信託財產上之權利時，不適用之。於此情形，並準用第十四條之規定。受託人違反第一項之規定，使用或處分信託財產者，委託人、受益人或其他受託人，除準用第二十三條規定外，並得請求將其所得之利益歸於信託財產；於受託人有惡意者，應附加利息一併歸入。前項請求權，自委託人或受益人知悉之日起，二年間不行使而消滅。自事實發生時起逾五年者，亦同。

第三十六條　（受託人職務解除之事由）

受託人除信託行為另有訂定外，非經委託人及受益人之同意，不得辭任。但有不得已之事由時，得聲請法院許可其辭任。受託人違背其職務或有其他重大事由時，法院得因委託人或受益人之聲請將其解任。前二項情形，除信託行為另有訂定外，委託人得指定新受託人，如不能或不為指定者，法院得因利害關係人或檢察官之聲請選任新受託人，並為必要之處分。已辭任之受託人於新受託人能接受信託事務前，仍有受託人之權利及義務。

第三十七條　（發行有價證券）

信託行為訂定對於受益權得發行有價證券者，受託人得依有關法律之規定，發行有價證券。

第三十八條　（請求報酬）

受託人係信託業或信託行為訂有給付報酬者，得請求報酬。約定之報酬，依當時之情形或因情事變更顯失公平者，法院得因委託人、受託人、受益人或同一信託之其他受託人之請求增減其數額。

第三十九條　（費用支出）

受託人就信託財產或處理信託事務所支出之稅捐、費用或負擔之債務，得以信託財產充之。前項費用，受託人有優先於無擔保債權人之受償之權。第一項權利之行使不符信託目的之時，不得為之。

第四十條　（請求補償或提供擔保）

信託財產不足清償前條第一項之費用或債務，或受託人有前條第三項之情形時，受託人得向受益人請求補償或清償債務或提供相當之擔保。但信託行為另有訂定者，不在此限。信託行為訂有受託人得先對受益人請求補償或清償所負之債務或要求提供擔保者，從其所定。前二項規定，於受益人拋棄其權利時，不適用之。第一項之請求權，因二年間不行使而消滅。

第四十一條　（受託人之權利）
受託人有第三十九條第一項或前條之權利者，於其權利未獲滿足前，得拒絕將信託財產交付受益人。

第四十二條　（損害補償準用規定）
受託人就信託財產或處理信託事務所受損害之補償，準用前三條之規定。前項情形，受託人有過失時，準用民法第二百十七條規定。

第四十三條　（收取報酬之準用規定）
第三十九條第一項、第三項，第四十條及第四十一條之規定，於受託人得自信託財產收取報酬時，準用之。第四十一條規定，於受託人得向受益人請求報酬時，準用之。

第四十四條　（受託人之權利）
前五條所定受託人之權利，受託人非履行第二十三條或第二十四條第三項所定損害賠償、回復原狀或返還利益之義務，不得行使。

第四十五條　（受託人之任務終了）
受託人之任務，因受託人死亡、受破產或禁治產宣告而終了。其為法人者，經解散、破產宣告或撤銷設立登記時，亦同。第三十六條第三項之規定，於前項情形，準用之。新受託人於接任處理信託事務前，原受託人之繼承人或其法定代理人、遺產管理人、破產管理人、監護人或清算人應保管信託財產，並為信託事務之移交採取必要之措施。法人合併時，其合併後存續或另立之法人，亦同。

第四十六條　（受託人之選任）
遺囑指定之受託人拒絕或不能接受信託時，利害關係人或檢察官得聲請法院選任受託人。但遺囑另有訂定者，不在此限。

第四十七條　（受託財產之移轉）
受託人變更時，信託財產視為於原受託人任務終了時，移轉於新受託人。共同受託人中之一人任務終了時，信託財產歸屬於其他受託人。

第四十八條　（債務負擔）
受託人變更時，由新受託人承受原受託人因信託行為對受益人所負擔之債務。前項情形，原受託人因處理信託事務負擔之債務，債權人亦得於新受託人繼受之信託財產限度內，請求新受託人履行。新受託人對原受託人得行使第二十三條及第二十四條第三項所定之權利。第一項之規定，於前條第二項之情形，準用之。

第四十九條　（強制執行）
對於信託財產之強制執行，於受託人變更時，債權人仍得依原執行名義，

以新受託人為債務人，開始或續行強制執行。

第五十條　（結算書及報告書之移交）

受託人變更時，原受託人應就信託事務之處理作成結算書及報告書，連同信託財產會同受益人或信託監察人移交於新受託人。前項文書經受益人或信託監察人承認時，原受託人就其記載事項，對受益人所負之責任視為解除。但原受託人有不正當行為者，不在此限。

第五十一條　（留置權）

受託人變更時，原受託人為行使第三十九條、第四十二條或第四十三條所定之權利，得留置信託財產，並得對新受託人就信託財產為請求。前項情形，新受託人提出與各個留置物價值相當之擔保者，原受託人就該物之留置權消滅。

第五章　信託監察人

第五十二條　（信託監察人之選任）

受益人不特定、尚未存在或其他為保護受益人之利益認有必要時，法院得因利害關係人或檢察官之聲請，選任一人或數人為信託監察人。但信託行為定有信託監察人或其選任方法者，從其所定。信託監察人得以自己名義，為受益人為有關信託之訴訟上或訴訟外之行為。受益人得請求信託監察人為前項之行為。

第五十三條　（信託監察人資格之限制）

未成年人、禁治產人及破產人，不得為信託監察人。

第五十四條　（善良管理人）

信託監察人執行職務，應以善良管理人之注意為之。

第五十五條　（執行職務）

信託監察人有數人時，其職務之執行除法院另有指定或信託行為另有訂定外，以過半數決之。但就信託財產之保存行為得單獨為之

第五十六條　（請求報酬）

法院因信託監察人之請求，得斟酌其職務之繁簡及信託財產之狀況，就信託財產酌給相當報酬。但信託行為另有訂定者，從其所定。

第五十七條　（辭任）

信託監察人有正當事由時，得經指定或選任之人同意或法院之許可辭任。

第五十八條　（解任）

信託監察人怠於執行其職務或有其他重大事由時，指定或選任之人得解任之；法院亦得因利害關係人或檢察官之聲請將其解任。

第五十九條　（選任）

信託監察人辭任或解任時，除信託行為另有訂定外，指定或選任之人得選任新信託監察人；不能或不為選任者，法院亦得因利害關係人或檢察官之聲請選任之。信託監察人拒絕或不能接任時，準用前項規定。

第六章　信託之監督

第六十條　（法院監督）

信託除營業信託及公益信託外，由法院監督。法院得因利害關係人或檢察官之聲請為信託事務之檢查，並選任檢查人及命為其他必要之處分。

第六十一條　（罰鍰）

受託人不遵守法院之命令或妨礙其檢查者，處新臺幣一萬元以上十萬元以下罰鍰。

第七章　信託關係之消滅

第六十二條　（信託關係消滅之事由）

信託關係，因信託行為所定事由發生，或因信託目的已完成或不能完成而消滅。

第六十三條　（信託終止（一））

信託利益全部由委託人享有者，委託人或其繼承人得隨時終止信託。前項委託人或其繼承人於不利於受託人之時期終止信託者，應負損害賠償責任。但有不得已之事由者，不在此限。

第六十四條　（信託終止（二））

信託利益非由委託人全部享有者，除信託行為另有訂定外，委託人及受益人得隨時共同終止信託。委託人及受益人於不利受託人之時期終止信託者，應負連帶損害賠償責任。但有不得已之事由者，不在此限。

第六十五條　（信託關係消滅時，信託財產之歸屬）

信託關係消滅時，信託財產之歸屬，除信託行為另有訂定外，依左列順序定之：一、享有全部信託利益之受益人。二、委託人或其繼承人。

第六十六條　（信託關係之存續）

信託關係消滅時，於受託人移轉信託財產於前條歸屬權利人前，信託關係視為存續，以歸屬權利人視為受益人。

第六十七條　（信託關係消滅準用之規定）

第四十九條及第五十一條之規定，於信託財產因信託關係消滅而移轉於受益人或其他歸屬權利人時，準用之。

第六十八條　（結算書及報告書）

信託關係消滅時，受託人應就信託事務之處理作成結算書及報告書，並取得受益人、信託監察人或其他歸屬權利人之承認。第五十條第二項規定，於前項情形，準用之。

第八章　公益信託

第六十九條　（公益信託定義）

稱公益信託者，謂以慈善、文化、學術、技藝、宗教、祭祀或其他以公共利益為目的之信託。

第七十條　（公益信託設立之申請）

公益信託之設立及其受託人，應經目的事業主管機關之許可。前項許可之申請，由受託人為之。

第七十一條　（信託關係之權利義務）

法人為增進公共利益，得經決議對外宣言自為委託人及受託人，並邀公眾加入為委託人。前項信託於對公眾宣言前，應經目的事業主管機關許可。第一項信託關係所生之權利義務，依該法人之決議及宣言內容定之。

第七十二條　（公益信託之核備及公告）

公益信託由目的事業主管機關監督。目的事業主管機關得隨時檢查信託事務及財產狀況；必要時並得命受託人提供相當之擔保或為其他處置。受託人應每年至少一次定期將信託事務處理情形及財務狀況，送公益信託監察人審核後，報請主管機關核備並公告之。

第七十三條　（信託條款）

公益信託成立後發生信託行為當時不能預見之情事時，目的事業主管機關得參酌信託本旨，變更信託條款。

第七十四條　（受託人非經許可不得辭任）

公益信託之受託人非有正當理由，並經目的事業主管機關許可，不得辭任。

第七十五條　（信託監察人之設置）

公益信託應置信託監察人。

第七十六條　（法院之權限）

第三十五條第一項第三款、第三十六條第二項、第三項、第四十五條第二項、第四十六條、第五十六條至第五十九條所定法院之權限，於公益信託

由目的事業主管機關行之。但第三十六條第二項、第三項、第四十五條第二項及第四十六條所定之權限，目的事業主管機關亦得依職權為之。

第七十七條　（公益信託之撤銷）

公益信託違反設立許可條件、監督命令或為其他有害公益之行為者，目的事業主管機關得撤銷其許可或為其他必要之處置。其無正當理由連續三年不為活動者，亦同。目的事業主管機關為前項處分前，應通知委託人、信託監察人及受託人於限期內表示意見。但不能通知者，不在此限。

第七十八條　（公益信託之消滅）

公益信託，因目的事業主管機關撤銷設立之許可而消滅。

第七十九條　（信託關係之存續）

公益信託關係消滅，而無信託行為所訂信託財產歸屬權利人時，目的事業主管機關得為類似之目的，使信託關係存續，或使信託財產移轉於有類似目的之公益法人或公益信託。

第八十條　（受託人申報義務）

公益信託關係依第六十二條規定消滅者，受託人應於一個月內，將消滅之事由及年月日，向目的事業主管機關申報。

第八十一條　（公益信託關係消滅之申報）

公益信託關係消滅時，受託人應於依第六十八條第一項規定取得信託監察人承認後十五日內，向目的事業主管機關申報。

第八十二條　（處罰）

公益信託之受託人有左列情事之一者，由目的事業主管機關處新臺幣二萬元以上二十萬元以下罰鍰：一、帳簿、財產目或收支計算表有不實之記載。二、拒絕、妨礙或規避目的事業主管機關之檢查。三、向目的事業主管機關為不實之申報或隱瞞事實。四、怠於公告或為不實之公告。五、違反目的事業主管機關監督之命令。

第八十三條　（使用公益信託名稱之限制）

未經許可，不得使用公益信託之名稱或使用易於使人誤認為公益信託之文字。違反前項規定者，由目的事業主管機關處新臺幣一萬元以上十萬元以下罰鍰

第八十四條　（公益信託適用規定）

公益信託除本章另有規定外，適用第二章至第七章之規定。

第八十五條　（許可條件及監督辦法）

公益信託之許可及監督辦法，由目的事業主管機關定之。

第九章　附則
第八十六條　（施行日）
本法自公布日施行。

■補充資料二

信託法
中華民國十九年十二月二十六日國民政府制定公布全文第一千一百三十八條至第一千二百二十五條
中華民國二十年五月五日施行
中華民國七十四年六月三日總統令修正公布繼承編

第一章　遺產繼承人

第一千一百三十八條（法定繼承人及其順序）

遺產繼承人，除配偶外，依左列順序定之：
一、直系血親卑親屬。
二、父母。
三、兄弟姊妹。
四、祖父母。

第一千一百三十九條（第一順序繼承人之決定）

前條所定第一順序之繼承人，以親等近者為先。

第一千一百四十條（代位繼承）

第一千一百三十八條所定第一順序之繼承人，有於繼承開始前死亡或喪失繼承權者，由其直系血親卑親屬代位繼承其應繼分。

第一千一百四十一條（同順序繼承人之應繼分）

同一順序之繼承人有數人時，按人數平均繼承。但法律另有規定者，不在此限。

第一千一百四十四條（配偶之應繼分）

配偶有相互繼承遺產之權，其應繼分，依左列各款定之：
一、與第一千一百三十八條所定第一順序之繼承人同為繼承時，其應繼分與他繼承人平均。
二、與第一千一百三十八條所定第二順序或第三順序之繼承人同為繼承時，其應繼分為遺產二分之一。
三、與第一千一百三十八條所定第四順序之繼承人同為繼承時，其應繼分為遺產三分之二。
四、無第一千一百三十八條所定第一順序至第四順序之繼承人時，其應繼分為遺產全部。

第一千一百四十五條（繼承權喪失之事由）

有左列各款情事之一者，喪失其繼承權：
一、故意致被繼承人或應繼承人於死或雖未致死因而受刑之宣告者。
二、以詐欺或脅迫使被繼承人為關於繼承之遺囑，或使其撤回或變更之者。
三、以詐欺或脅迫妨害被繼承人為關於繼承之遺囑，或妨害其撤回或變更之者。
四、偽造、變造、隱匿或湮滅被繼承人關於繼承之遺囑者。
五、對於被繼承人有重大之虐待或侮辱情事，經被繼承人表示其不得繼承者。

前項第二款至第四款之規定，如經被繼承人宥恕者，其繼承權不喪失。

第一千一百四十六條（繼承回復請求權）

繼承權被侵害者，被害人或其法定代理人得請求回復之。
前項回復請求權，自知悉被侵害之時起，二年間不行使而消滅；自繼承開始時起逾十年者，亦同。

第二章　遺產之繼承

第一節　效力

第一千一百四十七條（繼承之開始）

繼承，因被繼承人死亡而開始。

第一千一百四十八條（繼承之標的－包括的繼承）

繼承人自繼承開始時，除本法另有規定外，承受被繼承人財產上之一切權利、義務。但權利、義務專屬於被繼承人本身者，不在此限。

第一千一百四十九條（遺產酌給請求權）

被繼承人生前繼續扶養之人，應由親屬會議依其所受扶養之程度及其他關係，酌給遺產。

第一千一百五十條（繼承費用之支付）

關於遺產管理、分割及執行遺囑之費用，由遺產中支付之。但因繼承人之過失而支付者，不在此限。

第一千一百五十一條（遺產之公同共有）

繼承人有數人時，在分割遺產前，各繼承人對於遺產全部為公同共有。

第一千一百五十二條（公同共有遺產之管理）

前條公同共有之遺產，得由繼承人中互推一人管理之。

第一千一百五十三條（債務之連帶責任）

繼承人對於被繼承人之債務，負連帶責任。
繼承人相互間對於被繼承人之債務，除另有約定外，按其應繼分比例負擔之。

第二節　限定之繼承

第一千一百五十四條（限定繼承之意義）

繼承人得限定以因繼承所得之遺產，償還被繼承人之債務。
繼承人有數人，其中一人主張為前項限定之繼承時，其他繼承人視為同為限定之繼承。
為限定之繼承者，其對於被繼承人之權利、義務，不因繼承而消滅。

第一千一百五十五條（限定繼承之適用規定）

依前條規定為限定之繼承者，適用第一千一百五十六條至第一千一百六十三條之規定。

第一千一百五十六條（開具遺產清冊之呈報）
為限定之繼承者，應於繼承開始時起，三個月內，開具遺產清冊呈報法院。 前項三個月期限，法院因繼承人之聲請，認為必要時，得延展之。
第一千一百五十七條（報明債權之公示催告及其期限）
繼承人依前條規定呈報法院時，法院應依公示催告程序公告，命被繼承人之債權人於一定期限內報明其債權。 前項一定期限，不得在三個月以下。
第一千一百五十八條（償還債務之限制）
繼承人在前條所定之一定期限內，不得對於被繼承人之任何債權人償還債務。
第一千一百五十九條（依期報明債權之償還）
在第一千一百五十七條所定之一定期限屆滿後，繼承人對於在該一定期限內報明之債權及繼承人所已知之債權，均應按其數額，比例計算，以遺產分別償還。但不得害及有優先權人之利益。
第一千一百六十條（交付遺贈之限制）
繼承人非依前條規定償還債務後，不得對受遺贈人交付遺贈。
第一千一百六十一條（繼承人之賠償責任及受害人之返還請求權）
繼承人違反第一千一百五十七條至第一千一百六十條之規定，致被繼承人之債權人受有損害者，應負賠償之責。 前項受有損害之人，對於不當受領之債權人或受遺贈人，得請求返還其不當受領之數額。
第一千一百六十二條（未依期報明債權之償還）
被繼承人之債權人，不於第一千一百五十七條所定之一定期限內報明其債權，而又為繼承人所不知者，僅得就賸餘遺產，行使其權利。
第一千一百六十三條（限定繼承利益之喪失）
繼承人中有左列各款情事之一者，不得主張第一千一百五十四條所定之利益： 一、隱匿遺產。 二、在遺產清冊為虛偽之記載。 三、意圖詐害被繼承人之債權人之權利而為遺產之處分。
第三節　遺產之分割
第一千一百六十四條（遺產分割自由原則）
繼承人得隨時請求分割遺產。但法律另有規定或契約另有訂定者，不在此限。
第一千一百六十五條（分割遺產之方法）
被繼承人之遺囑，定有分割遺產之方法，或託他人代定者，從其所定。 遺囑禁止遺產之分割者，其禁止之效力以十年為限。
第一千一百六十六條（胎兒應繼分之保留）

胎兒為繼承人時，非保留其應繼分，他繼承人不得分割遺產。
胎兒關於遺產之分割，以其母為代理人。

第一千一百六十八條（分割之效力（一）－繼承人之互相擔保責任）

遺產分割後，各繼承人按其所得部分，對於他繼承人因分割而得之遺產，負與出賣人同一之擔保責任。

第一千一百六十九條（分割之效力（二）－債務人資力之擔保責任）

遺產分割後，各繼承人按其所得部分，對於他繼承人因分割而得之債權，就遺產分割時債務人之支付能力，負擔保之責。
前項債權，附有停止條件或未屆清償期者，各繼承人就應清償時債務人之支付能力，負擔保之責。

第一千一百七十條（分割之效力（三）－擔保責任人無資力時之分擔）

依前二條規定負擔保責任之繼承人中，有無支付能力不能償還其分擔額者，其不能償還之部分，由有請求權之繼承人與他繼承人，按其所得部分比例分擔之，但其不能償還，係由有請求權人之過失所致者，不得對於他繼承人請求分擔。

第一千一百七十一條（分割之效力（四）－連帶債務之免除）

遺產分割後，其未清償之被繼承人之債務，移歸一定之人承受，或劃歸各繼承人分擔，如經債權人同意者，各繼承人免除連帶責任。
繼承人之連帶責任，自遺產分割時起，如債權清償期在遺產分割後者，自清償期屆滿時起，經過五年而免除。

第一千一百七十二條（分割之計算（一）－債務之扣還）

繼承人中如對於被繼承人負有債務者，於遺產分割時，應按其債務數額，由該繼承人之應繼分內扣還。

第一千一百七十三條（分割之計算（二）－贈與之歸扣）

繼承人中有在繼承開始前因結婚、分居或營業，已從被繼承人受有財產之贈與者，應將該贈與價額加入繼承開始時被繼承人所有之財產中，為應繼遺產。但被繼承人於贈與時有反對之意思表示者，不在此限。
前項贈與價額，應於遺產分割時，由該繼承人之應繼分中扣除。
贈與價額，依贈與時之價值計算。

第四節　繼承之拋棄

第一千一百七十四條（繼承權拋棄之自由及方法）

繼承人得拋棄其繼承權。
前項拋棄，應於知悉其得繼承之時起二個月內以書面向法院為之。並以書面通知因其拋棄而應為繼承之人。但不能通知者，不在此限。

第一千一百七十五條（繼承拋棄之效力）

繼承之拋棄，溯及於繼承開始時發生效力。

第一千一百七十六條（拋棄繼承權人應繼分之歸屬）

第一千一百三十八條所定第一順序之繼承人中有拋棄繼承權者，其應繼分歸屬於其他同為繼承之人。

第二順序至第四順序之繼承人中，有拋棄繼承權者，其應繼分歸屬於其他同一順序之繼承人。

與配偶同為繼承之同一順序繼承人均拋棄繼承權，而無後順序之繼承人時，其應繼分歸屬於配偶。

配偶拋棄繼承權者，其應繼分歸屬於與其同為繼承之人。

第一順序之繼承人，其親等近者均拋棄繼承權時，由次親等之直系血親卑親屬繼承。

先順序繼承人均拋棄其繼承權時，由次順序之繼承人繼承。其次順序繼承人有無不明或第四順序之繼承人均拋棄繼承權者，準用關於無人承認繼承之規定。

因他人拋棄繼承而應為繼承之人，為限定繼承或拋棄繼承時，應於知悉其得繼承之日起二個月內為之。

第一千一百七十六條之一（拋棄繼承權者繼續管理遺產之義務）

拋棄繼承權者，就其所管理之遺產，於其他繼承人或遺產管理人開始管理前，應與處理自己事務為同一之注意，繼續管理之。

第五節　無人承認之繼承

第一千一百七十七條（遺產管理人之選定及報明）

繼承開始時，繼承人之有無不明者，由親屬會議於一個月內選定遺產管理人，並將繼承開始及選定遺產管理人之事由，向法院報明。

第一千一百七十八條（搜索繼承人之公示催告與選任遺產管理人）

親屬會議依前條規定為報明後，法院應依公示催告程序，定六個月以上之期限，公告繼承人，命其於期限內承認繼承。

無親屬會議或親屬會議未於前條所定期限內選定遺產管理人者，利害關係人或檢察官，得聲請法院選任遺產管理人，並由法院依前項規定為公示催告。

第一千一百七十八條之一（法院為保存遺產之必要處置）

繼承開始時繼承人之有無不明者，在遺產管理人選定前，法院得因利害關係人或檢察官之聲請，為保存遺產之必要處置。

第一千一百七十九條（遺產管理人之職務）

遺產管理人之職務如左：
一、編製遺產清冊。
二、為保存遺產必要之處置。
三、聲請法院依公示催告程序，限定一年以上之期間，公告被繼承人之債權人及受遺贈人，命其於該期間內報明債權及為願受遺贈與否之聲明，被繼承人之債權人及受遺贈人為管理人所已知者，應分別通知之。
四、清償債權或交付遺贈物。
五、有繼承人承認繼承或遺產歸屬國庫時，為遺產之移交。
前項第一款所定之遺產清冊，管理人應於就職後三個月內編製之；第四款所定債權之清償，應先於遺贈物之交付。為清償債權或交付遺贈物之必要，管理人經親

屬會議之同意，得變賣遺產。
第一千一百八十條（遺產管理人之報告義務）
遺產管理人，因親屬會議，被繼承人之債權人或受遺贈人之請求，應報告或說明遺產之狀況。
第一千一百八十一條（清償債務與交付遺贈物之限制）
遺產管理人非於第一千一百七十九條第一項第三款所定期間屆滿後，不得對被繼承人之任何債權人或受遺贈人，償還債務或交付遺贈物。
第一千一百八十二條（未依期限報明債權及聲明受遺贈之償還）
被繼承人之債權人或受遺贈人，不於第一千一百七十九條第一項第三款所定期間內為報明或聲明者，僅得就賸餘遺產，行使其權利。
第一千一百八十三條（遺產管理人之報酬）
遺產管理人得請求報酬，其數額由親屬會議按其勞力及其與被繼承人之關係酌定之。
第一千一百八十四條（遺產管理人行為效果之擬制）
第一千一百七十八條所定之期限內，有繼承人承認繼承時，遺產管理人在繼承人承認繼承前所為之職務上行為，視為繼承人之代理。
第一千一百八十五條（賸餘遺產之歸屬）
第一千一百七十八條所定之期限屆滿，無繼承人承認繼承時，其遺產於清償債權並交付遺贈物後，如有賸餘，歸屬國庫。
第三章　遺囑
第一節　通則
第一千一百八十六條（遺囑能力）
無行為能力人，不得為遺囑。 限制行為能力人，無須經法定代理人之允許，得為遺囑。但未滿十六歲者，不得為遺囑。
第一千一百八十七條（遺產之自由處分）
遺囑人於不違反關於特留分規定之範圍內，得以遺囑自由處分遺產。
第一千一百八十八條（受遺贈權之喪失）
第一千一百四十五條喪失繼承權之規定，於受遺贈人準用之。
第二節　方式
第一千一百八十九條（遺囑方式之種類）
遺囑應依左列方式之一為之：
一、自書遺囑。 二、公證遺囑。

三、密封遺囑。
四、代筆遺囑。
五、口授遺囑。

第一千一百九十條（自書遺囑）

自書遺囑者，應自書遺囑全文，記明年、月、日，並親自簽名；如有增減、塗改，應註明增減、塗改之處所及字數，另行簽名。

第一千一百九十一條（公證遺囑）

公證遺囑，應指定二人以上之見證人，在公證人前口述遺囑意旨，由公證人筆記、宣讀、講解，經遺囑人認可後，記明年、月、日，由公證人、見證人及遺囑人同行簽名；遺囑人不能簽名者，由公證人將其事由記明，使按指印代之。
前項所定公證人之職務，在無公證人之地，得由法院書記官行之，僑民在中華民國領事駐在地為遺囑時，得由領事行之。

第一千一百九十二條（密封遺囑）

密封遺囑，應於遺囑上簽名後，將其密封，於封縫處簽名，指定二人以上之見證人，向公證人提出，陳述其為自己之遺囑，如非本人自寫，並陳述繕寫人之姓名、住所，由公證人
於封面記明該遺囑提出之年、月、日及遺囑人所為之陳述，與遺囑人及見證人同行簽名。
前條第二項之規定，於前項情形準用之。

第一千一百九十三條（密封遺囑之轉換）

密封遺囑，不具備前條所定之方式，而具備第一千一百九十條所定自書遺囑之方式者，有自書遺囑之效力。

第一千一百九十四條（代筆遺囑）

代筆遺囑，由遺囑人指定三人以上之見證人，由遺囑人口述遺囑意旨，使見證人中之一人筆記、宣讀、講解，經遺囑人認可後，記明年、月、日，及代筆人之姓名，由見證人全體及遺囑人同行簽名，遺囑人不能簽名者，應按指印代之。

第一千一百九十五條（口授遺囑之方法）

遺囑人因生命危急或其他特殊情形，不能依其他方式為遺囑者，得依左列方式之一為口授遺囑：
一、由遺囑人指定二人以上之見證人，並口授遺囑意旨，由見證人中之一人，將該遺囑意旨，據實作成筆記，並記明年、月、日，與其他見證人同行簽名。
二、由遺囑人指定二人以上之見證人，並口述遺囑意旨、遺囑人姓名及年、月、日，由見證人全體口述遺囑之為真正及見證人姓名，全部予以錄音，將錄音帶當場密封，並記明年、月、日，由見證人全體在封縫處同行簽名。

第一千一百九十六條（口授遺囑之失效）

口授遺囑，自遺囑人能依其他方式為遺囑之時起，經過三個月而失其效力。

第一千一百九十七條（口授遺囑之鑑定）

口授遺囑，應由見證人中之一人或利害關係人，於為遺囑人死亡後三個月內，提經親屬會議認定其真偽。對於親屬會議之認定如有異議，得聲請法院判定之。

第一千一百九十八條（遺囑見證人資格之限制）

左列之人，不得為遺囑見證人：
一、未成年人。
二、禁治產人。
三、繼承人及其配偶或其直系血親。
四、受遺贈人及其配偶或其直系血親。
五、為公證人或代行公證職務人之同居人、助理人或受僱人。

第三節　效力

第一千一百九十九條（遺囑生效間）

遺囑，自遺囑人死亡時，發生效力。

第一千二百條（附停止條件遺贈之生效期）

遺囑所定遺贈，附有停止條件者，自條件成就時，發生效力。

第一千二百零一條（遺贈之失效力）

受遺贈人於遺囑發生效力前死亡者，其遺贈不生效力。

第一千二百零二條（遺贈之無效）

遺囑人以一定之財產為遺贈，而其財產在繼承開始時，有一部分不屬於遺產者，其一部分遺贈為無效；全部不屬於遺產者，其全部遺贈為無效。但遺囑另有意思表示者，從其意思。

第一千二百零三條（遺贈標的物之推定）

遺囑人因遺贈物滅失、毀損、變造或喪失其之占有，而對於他人取得權利時，推定以其權利為遺贈；因遺贈物與他物附合或混合而對於所附合或混合之物取得權利時亦同。

第一千二百零四條（用益權之遺贈及其期限）

以遺產之使用、收益為遺贈，而遺囑未定返還期限，並不能依遺贈之性質定其期限者，以受遺贈人之終身為其期限。

第一千二百零五條（附負擔之遺贈）

遺贈附有義務者，受遺贈人以其所受利益為限，負履行之責。

第一千二百零六條（遺贈之拋棄及其效力）

受遺贈人在遺囑人死亡後，得拋棄遺贈。
遺贈之拋棄，溯及遺囑人死亡時發生效力。

第一千二百零七條（承認遺贈之催告及擬制）

繼承人或其他利害關係人，得定相當期限，請求受遺贈人於期限內為承認遺贈與否之表示；期限屆滿，尚無表示者，視為承認遺贈。

第一千二百零八條（遺贈無效或拋棄之效果）
遺贈無效或拋棄時，其遺贈之財產，仍屬於遺產。
第四節　執行
第一千二百零九條（遺囑執行人之產生（一）－遺囑指定）
遺囑人得以遺囑指定遺囑執行人，或委託他人指定之。 受前項委託者，應即指定遺囑執行人，並通知繼承人。
第一千二百十條（遺囑執行人資格之限制）
未成年人及禁治產人，不得為遺囑執行人。
第一千二百十一條（遺囑執行人之產生（二）－親屬會議法院之選任）
遺囑未指定遺囑執行人，並未委託他人指定者，得由親屬會議選定之；不能由親屬會議選定時，得由利害關係人聲請法院指定之。
第一千二百十二條（遺囑之提示）
遺囑保管人知有繼承開始之事實時，應即將遺囑提示於親屬會議；無保管人而由繼承人發見遺囑者亦同。
第一千二百十三條（密封遺囑之開視）
有封緘之遺囑，非在親屬會議當場或法院公證處，不得開視。 前項遺囑開視時，應製作紀錄，記明遺囑之封緘有無毀損情形，或其他特別情事，並由在場之人同行簽名。
第一千二百十四條（遺囑執行人之執行職務（一）－編製遺產清冊）
遺囑執行人就職後，於遺囑有關之財產，如有編製清冊之必要時，應即編製遺產清冊，交付繼承人。
第一千二百十五條（遺囑執行人之執行職務（二）－遺產管理及必要行為）
遺囑執行人有管理遺產，並為執行上必要行為之職務。 遺囑執行人因前項職務所為之行為，視為繼承人之代理。
第一千二百十六條（遺囑執行人之執行職務（三）－繼承人妨害之排除）
繼承人於遺囑執行人執行職務中，不得處分與遺囑有關之遺產，並不得妨礙其職務之執行。
第一千二百十七條（遺囑執行人之執行職務（四）－數執行人執行職務之方法）
遺囑執行人有數人時，其執行職務，以過半數決之。但遺囑另有意思表示者，從其意思。
第一千二百十八條（遺囑執行人之解任）
遺囑執行人怠於執行職務，或有其他重大事由時，利害關係人，得請求親屬會議改選他人；其由法院指定者，得聲請法院另行指定。

第五節　撤回
第一千二百十九條（遺囑撤回之自由及其方式）
遺囑人得隨時依遺囑之方式，撤回遺囑之全部或一部。
第一千二百二十條（親為撤回（一）－前後遺囑牴觸）
前後遺囑有相牴觸者，其牴觸之部分，前遺囑視為撤回。
第一千二百二十一條（視為撤回（二）－遺囑與行為牴觸）
遺囑人於為遺囑後所為之行為與遺囑有相牴觸者，其牴觸部分，遺囑視為撤回。
第一千二百二十二條（視為撤回（三）－遺囑之廢棄）
遺囑人故意破毀或塗銷遺囑，或在遺囑上記明廢棄之意思者，其遺囑視為撤回。
第六節　特留分
第一千二百二十三條（特留分之決定）
繼承人之特留分，依左列各款之規定： 一、直系血親卑親屬之特留分，為其應繼分二分之一。 二、父母之特留分，為其應繼分二分之一。 三、配偶之特留分，為其應繼分二分之一。 四、兄弟姊妹之特留分，為其應繼分三分之一。 五、祖父母之特留分，為其應繼分三分之一。
第一千二百二十四條（特留分之算定）
特留分，由依第一千一百七十三條算定之應繼財產中，除去債務額，算定之。
第一千二百二十五條（遺贈之扣減）
應得特留分之人，如因被繼承人所為之遺贈，致其應得之數不足者，得按其不足之數由遺贈財產扣減之。受遺贈人有數人時，應按其所得遺贈價額比例扣減。

■補充資料三

名稱	銀行資本適足性管理辦法（民國 93 年 11 月 09 日修正）
第 1 條	本辦法依銀行法（以下簡稱本法）第四十四條規定訂定。
第 2 條	本辦法用詞定義如下： 一自有資本與風險性資產之比率（以下簡稱資本適足率）：指合格自有資本淨額除以風險性資產總額。 二合格自有資本淨額：指第一類資本、合格第二類資本、合格且使用第三類資本之合計數額（合格自有資本總額），減除第六條所規定之扣除金額。 三合格第二類資本：指可支應信用風險及市場風險之第二類資本。 四合格且使用第三類資本：指實際用以支應市場風險之第三類資本。 五永續特別股：指具有符合下列條件之一之特別股： （一）無到期日，若有贖回條件者，其贖回權係屬發行銀行，且在發行五年後，經主管機關許可，始得贖回。 （二）訂有強制轉換為普通股之約定。 六累積特別股：指銀行在無盈餘年度未發放之股息，須於有盈餘年度補發之特別股。 七次順位債券：指債券持有人之受償順位次於銀行所有存款人及其他一般債權人。 八權益調整：指兌換差價準備減未實現長期股權投資損失加減累積換算調整數。 九庫藏股：指依證券交易法第二十八條之二，購回本行之股份。 一〇保險性資產總額：指信用風險加權風險性資產總額，加計市場風險應計提之資本乘以十二・五之合計數。 一一信用風險加權風險性資產：指衡量交易對手不履約，致銀行產生損失之風險。該風險之衡量以銀行資產負債表內表外交易項目乘以加權風險權數之合計數額表示。 一二市場風險應計提之資本：指衡量市場價格（利率、匯率及

	股價等）波動，致銀行資產負債表內表外交易項目產生損失之風險，所需計提之資本。
第3條	銀行應計算銀行本行資本適足率，另銀行與其轉投資之金融相關事業具公司法規定之控制與從屬關係者，除具下列情形之一者外，應編製合併財務報表並計算合併資本適足率： 一　已宣告破產或經法院裁定進行重整者。 二　設立於國外且受外匯管制，其股利無法匯回者。
第4條	第一類資本、第二類資本與第三類資本之範圍如下： 一、第一類資本為普通股、永續非累積特別股、無到期日非累積次順位債券、預收資本、資本公積（固定資產增值公積除外）、法定盈餘公積、特別盈餘公積、累積盈虧（應扣除營業準備及備抵呆帳提列不足之金額）、少數股權及權益調整之合計數額減商譽及庫藏股。 二、第二類資本為永續累積特別股、無到期日累積次順位債券、固定資產增值公積、未實現長期股權投資資本增益之百分之四十五、可轉換債券、營業準備及備抵呆帳（不包括針對特定損失所提列者）及長期次順位債券、非永續特別股之合計數額。 三、第三類資本為短期次順位債券加計非永續特別股之合計數額。 第一類資本所稱永續非累積特別股及無到期日非累積次順位債券，列為第一類資本者，其合計數額不得超過第一類資本總額百分之十五；超出限額者，得計入第二類資本，並應符合下列條件： 一、當次發行額度，應全數收足。 二、銀行或其關係企業未提供保證或擔保品，以增進持有人之受償順位。 三、無到期日非累積次順位債券持有人之受償順位，次於列入第二類資本之次順位債券持有人及其他一般債權人。 四、銀行上年度無盈餘且未發放普通股股息時，不得支付次順位債券之利息。 五、銀行資本適足率低於主管機關所定之最低比率，未於六個月內符合規定者，無到期日非累積次順位債券應即全數轉換為永續非累積特別股；或約定於未達上開最低比率前，應遞延償

還本息，且於銀行清理或清算時，該等債券持有人之清償順位與永續非累積特別股股東相同。

六、無到期日非累積次順位債券發行十年後，若計算贖回後銀行資本適足率符合主管機關所定之最低比率，並經主管機關同意者，得提前贖回。

七、發行十年後未贖回者，銀行得提高約定利率一次，上限為年利率一個百分點或原契約利率加碼幅度之百分之五十。

第二類資本所稱永續累積特別股、無到期日累積次順位債券及可轉換債券，應符合下列條件：

一、當次發行額度，應全數收足。

二、銀行或其關係企業未提供保證或擔保品，以增進持有人之受償順位。

三、銀行因付息致資本適足率低於主管機關所定之最低比率時，得遞延支付股（利）息，所遞延之股（利）息不得再加計利息。

四、銀行資本適足率低於主管機關所定之最低比率，且累積虧損超過保留盈餘及資本公積之和，未於六個月內符合規定者，無到期日累積次順位債券及可轉換債券應即全數轉換為永續累積特別股；或約定於未達上開最低比率前或累積虧損仍超過保留盈餘及資本公積之和時，應遞延償還本息，且於銀行清理或清算時，該等債券持有人之清償順位與永續累積特別股股東相同。

五、發行五年後，若計算贖回後銀行資本適足率符合主管機關所定之最低比率，並經主管機關同意者，得提前贖回；未贖回者，銀行得提高約定利率一次，上限為年利率一個百分點或原契約利率加碼幅度之百分之五十。

六、可轉換債券為發行期限在十年以內之次順位債券。

七、可轉換債券於到期日應轉換為普通股或永續特別股；到期日前僅能轉換為普通股或永續特別股，其他轉換方式應經主管機關核准。

第二類資本所稱營業準備及備抵呆帳，其合計數額不得超過風險性資產總額百分之一‧二五。

第二類資本所稱長期次順位債券及非永續特別股，列為第二類

	資本者，其合計數額不得超過第一類資本總額百分之五十，並應符合下列條件：
	一、當次發行額度，應全數收足。
	二、銀行或其關係企業未提供保證或擔保品，以增進持有人之受償順位。
	三、發行期限五年以上。
	四、發行期限最後五年每年至少遞減百分之二十。
	第三類資本所稱短期次順位債券及非永續特別股，應符合下列條件：
	一、當次發行額度，應全數收足。
	二、銀行或其關係企業未提供保證或擔保品，以增進持有人之受償順位。
	三、發行期限二年以上。
	四、在約定償還日期前不得提前償還。但經主管機關核准者不在此限。
	五、銀行因付息或還本，致資本適足率低於主管機關所定之最低比率時，應停止股（利）息及本金之支付。
	特別股或次順位債券約定持有人得贖回期限於發行期限之前時，得贖回期限視為發行期限。
第5條	合格自有資本總額，為第一類資本、合格第二類資本及合格且使用第三類資本之合計數額，其中合格第二類資本加計合格且使用第三類資本以不超過第一類資本為限。
	前項所稱合格第二類資本及合格且使用第三類資本，應符合下列規定：
	一支應信用風險所需之資本以第一類資本及第二類資本為限，且所使用第二類資本不得超過支應信用風險之第一類資本。
	二用以支應市場風險之資本，應符合下列條件：
	（一）支應市場風險所需之資本中，須有第一類資本，第二類資本於支應信用風險後所餘者，得用以支應市場風險。
	（二）第三類資本只能支應市場風險所需之資本，且第二類資本及第三類資本於支應市場風險時，兩者之合計數不得超過用

	以支應市場風險之第一類資本的百分之二百五十。
第6條	銀行本行資本適足率之合格自有資本總額應扣除下列金額： 一對其他銀行持有超過一年以上得計入合格自有資本總額之金融商品投資帳列金額。 二依本法第七十四條或其他法令投資銀行以外之其他企業之帳列金額。 合併資本適足率之合格自有資本總額應扣除下列金額： 一銀行對其他銀行持有超過一年以上得計入合格自有資本總額之金融商品投資帳列金額。但該被投資之銀行已依第三條計算合併資本適足率者除外。 二依本法第七十四條或其他法令投資銀行以外之其他企業之帳列金額。 但該被投資企業已依第三條計算合併資本適足率者除外。 已自合格自有資本總額中減除者，不再計入風險性資產總額。
第7條	銀行基於下列意圖所持有之金融工具，應列屬交易簿之部位： 一意圖從實際或預期買賣價差中賺取利潤所持有之部位。 二意圖於從其他價格或利率變動中獲取利潤所持有之部位。 三因從事經紀及自營業務所持有之部位。 四為交易簿避險需要所持有之部位。 五所有可逕自於預定額度內從事交易之部位。 非因前項意圖所持有金融工具之部位，應列屬銀行簿。
第8條	信用風險加權風險性資產總額及市場風險所需資本之計算，應依主管機關規定之銀行自有資本與風險性資產計算方法辦理。 銀行計算前項市場風險所需資本，應依標準法計提。但經主管機關核准者，得使用自有模型計算市場風險所需資本。
第9條	各銀行應按主管機關訂頒之計算方法及表格，經會計師覆核於每半年結（決）算後二個月內，填報本行資本適足率，並檢附相關資料。 每營業年度終了之合併資本適足率，於決算後二個月內，依前項申報方式，併同本行資本適足率填報主管機關。

	主管機關於必要時得令銀行隨時填報，並檢附相關資料。
第 10 條	依本辦法計算及填報之合併資本適足率及銀行本行資本適足率均不得低於百分之八。
	銀行資本適足率在百分之六以上，未達百分之八者，以現金或其他財產分配盈餘之比率，不得超過當期稅後淨利之百分之二十，主管機關並得命其提報增加資本、減少風險性資產總額之限期改善計劃。
	銀行資本適足率低於百分之六者，盈餘不得以現金或其他財產分配，主管機關除前項處分外，得視情節輕重，為下列之處分：
	一限制給付董事、監察人酬勞金、紅利及車馬費。
	二限制依本法第七十四條、第七十四條之一或其他法令規定之股權投資。
	三限制申設分支機構。
	四限制申請或停止經營將增加風險性資產總額之業務。
	五令銀行於一定期間內處分所持有被投資事業之股份。
	六令銀行於一定期間內撤銷部分分支機構。
第 11 條	本辦法自八十七年十二月三十一日施行。
	本辦法修正條文除中華民國九十年十月六日修正發布之條文自九十一年一月一日施行外，自發布日施行。

　　資本適足率規範發展之起源為加強以資本為基準的風險管理，並要求銀行依據各種信用風險之暴險，設定 8%之最低資本適足率，以確實反應貸款相應之風險，藉以提升資本定位為銀行發生壞帳時的緩衝器，及採用國際標準以降低不公平的競爭對現象。

　　資本適足率規範變革之起因為無法精確顯示來自借款者不同程度之倒帳風險，銀行進行資本套利而導致低估銀行資產之風險，無法認定銀行從事風險沖銷技術。

現行巴塞爾資本協定		新巴塞爾資本協定	
資本適足率及應計提之風險：8%／信用及市場風險		資本適足率及應計提之風險：8%／信用，市場及作業風險	
單一風險機制：最低資本規定		單一風險機制：最低資本規定、監理審查程序、市場自律	
銀行評估風險的方法：一體適用		銀行評估風險的方法：更有彈性	
評估風險方法：標準法		評估風險方法：標準法、基礎的或進階的 IRB	
適用對象：銀行業		適用對象：金融集團之控股公司	
現行作法		新制	
授信分類	說明	授信分類	說明
第一類：0%	正常授信	第一類：0%	正常資產
第二類：0%	應予注意	第二類：2%	有擔保：積欠本／息 1-12 個月
			無擔保：積欠本／息 1-3 個月
		第三類：10%	有擔保：積欠本／息超過 12 個月
			無擔保：積欠本／息 3-6 個月
第三類：50%	收回有困難	第四類：50%	無擔保：積欠本／息 6-12 個月
第四類：100%	收回無望	第五類：100%	無擔保：積欠本／息超過 12 個月，或評估無法回收

新制對我國之影響：

1. 銀行業-影響放款決策、中小型銀行因財力與信評相對薄弱，所受沖擊最大；
2. 金融監理機關-需要擴大其資源及改變其組織架構；以免阻礙銀行發展；
3. 中小企業─因風險權數提高，中小企業融資成本及困難度會提高；
4. 目前國內僅中信、台新、中華開發、華南與建華五家銀行，計畫以內部評等法適用新巴塞爾資本協定，但是否能達到主管機關標準，仍須經由主管機關認定。

■補充資料四／勞工保險投保薪資分級表

勞工保險投保薪資分級表		87.8.28 行政院勞工委員會臺 87 勞保 2 字第 037497 號令發布自 87 年 10 月 1 日施行	
投保薪資等級	月薪資總額（實物給付應折現金計算）	月投保薪資	日投保薪資
第 1 級	15,840 元以下	15,840 元	528 元
第 2 級	15,841 元至 16,500 元	16,500 元	550 元
第 3 級	16,501 元至 17,400 元	17,400 元	580 元
第 4 級	17,401 元至 18,300 元	18,300 元	610 元
第 5 級	18,301 元至 19,200 元	19,200 元	640 元
第 6 級	19,201 元至 20,100 元	20,100 元	670 元
第 7 級	20,101 元至 21,000 元	21,000 元	700 元
第 8 級	21,001 元至 21,900 元	21,900 元	730 元
第 9 級	21,901 元至 22,800 元	22,800 元	760 元
第 10 級	22,801 元至 24,000 元	24,000 元	800 元
第 11 級	24,001 元至 25,200 元	25,200 元	840 元
第 12 級	25,201 元至 26,400 元	26,400 元	880 元
第 13 級	26,401 元至 27,600 元	27,600 元	920 元
第 14 級	27,601 元至 28,800 元	28,800 元	960 元
第 15 級	28,801 元至 30,300 元	30,300 元	1,010 元
第 16 級	30,301 元至 31,800 元	31,800 元	1,060 元
第 17 級	31,801 元至 33,300 元	33,300 元	1,110 元
第 18 級	33,301 元至 34,800 元	34,800 元	1,160 元
第 19 級	34,801 元至 36,300 元	36,300 元	1,210 元
第 20 級	36,301 元至 38,200 元	38,200 元	1,273 元
第 21 級	38,201 元至 40,100 元	40,100 元	1,337 元
第 22 級	40,101 元至 42,000 元	42,000 元	1,400 元
第 23 級	42,001 元以上	43,900 元	1,463 元

備註：

一、凡年滿 16 歲以上被保險人之月投保薪資應不得低於行政院核定之基本工資所適用之等級。

二、職業訓練機構受訓者、童工及部分工時勞保被保險人之薪資報酬未達基本工資者之月投保薪資分 11,100 元（11,100 元以下者）、12,300 元（11,101 元至 12,300 元）及 13,500 元（12,301 元至 13,500 元）三級，其薪資超過 13,500 元者應依本表所適用之等級覈實申報。

一、老年給付請領資格

被保險人參加保險之年資合計滿 1 年，男性年滿 60 歲或女性年滿 55 歲退職者。

被保險人參加保險之年資合計滿 15 年，年滿 55 歲退職者。

被保險人在同一投保單位參加保險之年資合計滿 25 年退職者。

被保險人參加保險之年資合計滿 25 年，年滿 50 歲退職者。

被保險人擔任經中央主管機關核定具有危險、堅強體力等特殊性質之工作合計滿 5 年，年滿 55 歲退職者

二、給付標準

老年給付按被保險人退休之當月（包括當月）起前 3 年之平均月投保薪資計算；參加保險未滿 3 年者，按其實際投保年資之平均月投保薪資計算。

保險年資合計每滿 1 年按其平均月投保薪資，發給 1 個月老年給付；其保險年資合計超過 15 年者，其超過部分，每滿 1 年發給 2 個月老年給付。但最高以 45 個月為限，滿半年者以 1 年計。

被保險人年逾 60 歲繼續工作者，其逾 60 歲以後之保險年資最多以 5 年計，於退職時依上述第 1、2 項規定核給老年給付。但合併 60 歲以前之老年給付，最高以 50 個月為限。

三、請領手續

被保險人符合請領資格於請領老年給付時，應備下列書件（均應蓋妥印章）：

老年給付申請書暨給付收據。

戶籍謄本正本或國民身分證正背面影本，身分證影本應由投保單位蓋章證明與原件相符。

符合前述請領資格第 5 項者，須檢附工作證明文件。

四、注意事項

老年給付申請書上之被保險人住址，請詳實際可收到核定通知書之住址。已領取老年給付者，不得再行參加勞工保險，惟再受僱得依法參加職業災害保險。被保險人在民營企業間調動加保滿 25 年退職時，若最後服務單位一次發給其滿 25 年年資之退休金或資遣書者，得視為在同一投保

單位加保請領老年給付。若最後服務單位因財務困難或其他原因未能一次發給退休金或資遣費，且有下列情形之一者，亦得視為在同一投保單位加保請領老年給付：

〔一〕 被保險人經勞工行政主管機關協調，依強制執行法第 4 條第 1 項規定取得執行名義者。

〔二〕 被保險人經地方勞工行政主管機關協調，取得雇主承諾之債權証明者。

〔三〕 被保險人逕依強制執行法第 4 條第 1 項規定向雇主取得執行名義者。

另被保險人依勞工保險條例第 9 條之 1 規定參加被裁減資遣續保時，因故未能取得資遣費且有上述 3 種情形之一者，俟其在民營企業間加保滿 25 年時，得視為在同一投保單位加保請領老年給付。

被保險人在原投保單位加保之年資，加上其依勞工保險條例第 9 條之 1 規定由委託團體加保，或以個人為投保單位加保之年資合計滿 25 年時，得視為在同一投保單位加保請領老年給付。

被保險人請領之老年給付，投保單位如已先行墊發者，得於辦理老年給付申請手續時，取得被保險人出具之證明書（敘明墊付之投保單位名稱、給付種類、金額及出具之日期並應加蓋被保險人私章後，黏貼於給付申請書背面以免散失），且於給付申請書上之給付方式欄內勾劃，以便將老年給付匯入投保單位帳戶歸墊。

由本局代算勞保補償金及加註存檔之被保險人，如再加保至退職符合請領勞保老年給付時，本局應另函請原事業主管機關提供其已領勞保補償金之法令依據，如係依「公營事業移轉民營條例」或「台灣省政府功能業務與組織調整暫行條例施行期間員工權益處理辦法」規定發給補償金者，本局始得依法由老年給付中代扣原領之補償金，並繳還原事業主管機關。

依照勞工保險條例第 61 條規定，被保險人年逾 60 歲以後之保險年資最多計算 5 年核給老年給付。

■勞保年金制度

	勞保年金制度─98 年 1 月 1 日實施	國民年金制度─97 年 10 月 1 日實施
項目	內容	
費率	施行第一、二年為 7.5%；之後每年調高 0.5%到 10%；之後每 2 年調高 0.5%到 13%，總期間 19 年。	施行第一年為 6.5%；之後每 2 年調高 0.5%到 12%。
所得替代率	1.55%	
月投保金額	依投保薪資分級表	以基本工資 17,200 元為固定月投保金額
實施對象	勞工	滿 25 歲、未滿 65 歲，未加入軍、公教、勞保之國民
保費負擔比率	政府 2 成，勞方 1 成，資方 7 成	政府 4 成，民眾 6 成
老年年金給付		
請領條件	年滿 60 歲，投保年資達 15 年以上者（請領年齡於施行起第 5 年提高 1 歲，之後每 2 年提高一歲至 65 歲）	已領取勞保一次給付者，仍可再加入國民年金保險。
給付標準	依下列兩公式計算後，擇優發給：(1) 平均月投保薪資 x 年資 x0.775%+3,000 元 (2)平均月投保薪資 x 年資 x1.55%	固定投保薪資 17,280 元 x 年資 x0.65%+3,000 元
展延年金	已達請領資格而延後請領者，每延後一年多增加給付金額 4%，最多增給 20%。	
減額年金	年資滿 15 年但未達請領年齡者，可提前 5 年請領，每提前一年減少給付金額 4%，最多減少 20%。	

失能年金給付		
請領條件	勞工遭遇傷病事故經醫院診斷為永久失能，或為身心障礙權益保障法所定之身心障礙者，經評估終身無能力工作者。	
給付標準	平均月投保薪資 x 年資 x1.55%（最低保障 4,000 元），勞工若有符合相關條件的眷屬，每一人尚可加發 25%，上限至 50%。	
遺屬年金給付		
給付順位	1.配偶及子女、2.父母、3.祖父母、4.孫子女、5.兄弟姐妹	
給付標準	被保險人死亡：平均月投保薪資 x 年資 x1.55%（最低保障 3,000 元）領取失能年金或老年年金期間死亡：其年金金額 50%，同一順位遺屬 2 人以上，每多一人加發 25%，上限至 50%。	

（註一）平均月投保薪資：以加保期間最高 60 個月之投保薪資平均計算）

（註二）當物價指數累計成長率達正負 5%時，年金給付金額將隨同 CPI 成長率調整。

（註三）96 年內政部公佈 65 歲以後之平均餘命 17 年。

（註四）農民可自由選擇留在農保或加入國民金保險。

■勞工退休金月提繳工資分級表

級距	級	實際工資	月提繳工資
第 1 組	1	1,500 元以下	1,500 元
	2	1,501~3,000 元	3,000 元
	3	3,001~4,500 元	4,500 元
	4	4,501~6,000 元	6,000 元
	5	6,001~7,500 元	7,500 元
第 2 組	6	7,501~8,700 元	8,700 元
	7	8,701~9,900 元	9,900 元
	8	9,901~11,100 元	11,100 元
	9	11,101~12,300 元	12,300 元
	10	12,301~13,500 元	13,500 元
第 3 組	11	13,501~15,840 元	15,840 元
	12	15,841~16,500 元	16,500 元
	13	16,501~17,400 元	17,400 元
	14	17,401~18,300 元	18,300 元
	15	18,301~19,200 元	19,200 元
	16	19,201~20,100 元	20,100 元
	17	20,101~21,000 元	21,000 元
	18	21,001~21,900 元	21,900 元
	19	21,901~22,800 元	22,800 元
第 4 組	20	22,801~24,000 元	24,000 元
	21	24,001~25,200 元	25,200 元
	22	25,201~26,400 元	26,400 元
	23	26,401~27,600 元	27,600 元
	24	27,601~28,800 元	28,800 元
第 5 組	25	28,801~30,300 元	30,300 元

	26	30,301~31,800 元	31,800 元
	27	31,801~33,300 元	33,300 元
	28	33,301~34,800 元	34,800 元
	29	34,801~36,300 元	36,300 元
第 6 組	30	36,301~38,200 元	38,200 元
	31	38,201~40,100 元	40,100 元
	32	40,101~42,000 元	42,000 元
	33	42,001~43,900 元	43,900 元
	34	43,901~45,800 元	45,800 元
第 7 組	35	45,801~48,200 元	48,200 元
	36	48,201~50,600 元	50,600 元
	37	50,601~53,000 元	53,000 元
	38	53,001~55,400 元	55,400 元
	39	55,401~57,800 元	57,800 元
第 8 組	40	57,801~60,800 元	60,800 元
	41	60,801~63,800 元	63,800 元
	42	63,801~66,800 元	66,800 元
	43	66,801~69,800 元	69,800 元
	44	69,801~72,800 元	72,800 元
第 9 組	45	72,801~76,500 元	76,500 元
	46	76,501~80,200 元	80,200 元
	47	80,201~83,900 元	83,900 元
	48	83,901~87,600 元	87,600 元
第 10 組	49	87,601~92,100 元	92,100 元
	50	92,101~96,600 元	96,600 元
	51	96,601~101,100 元	101,100 元
	52	101,101~105,600 元	105,600 元

	53	105,601~110,100 元	110,100 元
第 11 組	54	110,101~115,500 元	115,500 元
	55	115,501~120,900 元	120,900 元
	56	120,901~126,300 元	126,300 元
	57	126,301~131,700 元	131,700 元
	58	131,701~137,100 元	137,100 元
	59	137,101~142,500 元	142,500 元
	60	142,501~147,900 元	147,900 元
	61	147,901 元以上	150,000 元

■全民健康保險保險費負擔金額表(三)

〔公、民營事業、機構及有一定雇主之受雇者適用〕

投保金額等級	月投保金額	被保險人及眷屬負擔金額〔負擔比率30%〕				投保單位負擔金額〔負擔比率60%〕	政府補助金額〔補助比率10%〕
		本人	本人+1眷口	本人+2眷口	本人+3眷口		
1	15,840	216	432	648	864	770	128
2	16,500	225	450	675	900	802	134
3	17,400	238	476	714	952	846	141
4	18,300	250	500	750	1000	889	148
5	19,200	262	524	786	1048	933	156
6	20,100	274	548	822	1096	977	163
7	21,000	287	574	861	1148	1020	170
8	21,900	299	598	897	1196	1064	177
9	22,800	311	622	933	1244	1108	185
10	24,000	328	656	984	1312	1166	194
11	25,200	344	688	1032	1376	1225	204
12	26,400	360	720	1080	1440	1283	214
13	27,600	377	754	1131	1508	1341	224
14	28,800	393	786	1179	1572	1400	233
15	30,300	414	828	1242	1656	1472	245
16	31,800	434	868	1302	1736	1545	258
17	33,300	455	910	1365	1820	1618	270
18	34,800	475	950	1425	1900	1691	282
19	36,300	495	990	1485	1980	1764	294
20	38,200	521	1042	1563	2084	1856	309

21	40,100	547	1094	1641	2188	1949	325
22	42,000	573	1146	1719	2292	2041	340
23	43,900	599	1198	1797	2396	2133	356
24	45,800	625	1250	1875	2500	2226	371
25	48,200	658	1316	1974	2632	2342	390
26	50,600	691	1382	2073	2764	2459	410
27	53,000	723	1446	2169	2892	2575	429
28	55,400	756	1512	2268	3024	2692	449
29	57,800	789	1578	2367	3156	2809	468
30	60,800	830	1660	2490	3320	2955	492
31	63,800	871	1742	2613	3484	3100	517
32	66,800	912	1824	2736	3648	3246	541
33	69,800	953	1906	2859	3812	3392	565
34	72,800	994	1988	2982	3976	3538	590
35	76,500	1044	2088	3132	4176	3717	620
36	80,200	1095	2190	3285	4380	3897	650
37	83,900	1145	2290	3435	4580	4077	680
38	87,600	1196	2392	3588	4784	4257	709
39	92,100	1257	2514	3771	5028	4476	746
40	96,600	1319	2638	3957	5276	4694	782
41	101,100	1380	2760	4140	5520	4913	819
42	105,600	1441	2882	4323	5764	5132	855
43	110,100	1503	3006	4509	6012	5350	892
44	115,500	1577	3154	4731	6308	5613	935
45	120,900	1650	3300	4950	6600	5875	979
46	126,300	1724	3448	5172	6896	6137	1023
47	131,700	1798	3596	5394	7192	6400	1067

九十四年四月一日起實施(調高等級共 47 級)　　承保處製表

健保保險費計算公式說明

一、第一類到第四類被保險人及其眷屬自付保險費的計算公
　　式及釋例：

　　保險費計算公式：

　　投保金額×保險費率×負擔比率×（本人＋眷屬人數）

　　說明：

　　（1）投保金額：請參照全民健康保險投保金額分級表。

　　（2）保險費率：以 6 ％為上限，開辦第一年起訂為
　　4.25%。

　　（3）負擔比率：請參照保險對象保險費負擔比率一覽表。

　　（4）眷屬人數：超過三口的以三口計算。

二、第五類被保險人及其眷屬（低收入戶）的保險費是由政
府全額補助，不必自己負擔。

■健保保險費負擔比率

保險對象類別			負擔比例（%）		
			被保險人	投保單位	政府
第一類	公務人員 公職人員	本人及眷屬	30	70	0
	私校教職員	本人及眷屬	30	35	35
	公民營事業、機構等有一定雇主的受雇者	本人及眷屬	30	60	10
	雇主 自營業主 專門職業及技術人員自行執業者	本人及眷屬	100	0	0
第二類	職業工人 外僱船員	本人及眷屬	60	0	40
第三類	農民、漁民 水利會會員	本人及眷屬	30	0	70
第四類	義務役軍人、替代役役男、軍校軍費生、在恤遺眷	眷屬	0	0	100
第五類	低收入戶	本人及眷屬	0	0	100
第六類	榮民、榮民遺眷家戶代表	本人	0	0	100
		眷屬	30	0	70
	其他地區人口	本人及眷屬	60	0	40

■勞保保險費負擔比例一覽表

被保險人類別	保險費負擔比例								
	勞工保險						就業保險費		
	普通事故保險費			職業災害保險費					
	被保險人	投保單位	政府	被保險人	投保單位	政府	被保險人	投保單位	政府
1. 產業勞工及交通、公用事業之員工 2. 公司、行號之員工 3. 新聞、文化、公益、合作事業之員工 4. 受僱從事漁業生產者 5. 政府機關及公、私立學校之員工 6. 勞工保險自願加保員工	20%	70%	10%		100%		20%	70%	10%
職訓機構受訓者	20%	70%	10%		100%				
無一定雇主之職業工人	60%		40%	60%		40%			
無一定雇主之漁會甲類會員	20%		80%	20%		80%			
漁民上岸候船	100%								
外僱船員	80%		20%	80%		20%			
外僱船員上岸候船	100%								
自願參加職災保險人員					100%				
被裁減資遣續保人員	80%		20%						
育嬰留停續保人員	20%	70%	10%				20%	70%	10%
職災勞工續保人員	50%		50%						
僅參加就業保險人員							20%	70%	10%

備註：

育嬰留職停薪繼續加保人員原由投保單位負擔部分之保險費由政府負擔。惟自92年1月1日起，受僱政府單位之育嬰留職停薪繼續加保人員，投保單位應負擔之保險費仍由投保單位負擔。

依照行政院勞工委員會93年4月2日函示，自93年4月1日起外僱船員上岸候船期間繼續加保被保險人不計收職業災害保險費。

■補充資料五

存款、其他各種負債及信託資金準備率

對存款額百分比

法定準備率 (88年7月7日 以後適用)	支票 存款	活期 存款	儲蓄 存款 (活期)	儲蓄 存款 (定期)	定期 存款	其他各種 負債(外 匯存款)	其他各種 負債(其 他項目)	信託 資金
最低 Minimum	--	--	--	--	--	--	--	15
最高 Maximum	25	25	15	15	15	25	25	20

應提準備率 (調整日期)	支票 存款	活期 存款	儲蓄 存款 (活期)	儲蓄 存款 (定期)	定期 存款	其他各種 負債(外 匯存款)	其他各種 負債(其 他項目)	信託 資金
88年7月7日 Jul.7,1999	15.000	13.000	5.500	5.000	7.000	0.000	0.000	15.125
89年10月1日 Oct. 1, 2000	13.500	13.000	6.500	5.000	6.250	0.000	0.000	15.125
89年12月8日 Dec. 8,2000	13.500	13.000	6.500	5.000	6.250	5.000	0.000	15.125
89年12月29日 Dec. 29,2000	13.500	13.000	6.500	5.000	6.250	10.000	0.000	15.125
90年10月4日 Oct. 4, 2001	10.750	9.775	5.500	4.000	5.000	5.000	0.000	15.125
90年11月8日 Nov. 8,2001	10.750	9.775	5.500	4.000	5.000	2.500	0.000	15.125
91年6月28日 Jun.28, 2002	10.750	9.775	5.500	4.000	5.000	0.125	0.000	15.125
96年6月22日 Jun.22, 2007	10.750	9.775	5.500	4.000	5.000	5.000	0.000	15.125
97年4月1日	10.750	9.775	5.500	5.000	4.000	0.125	0.000	15.125
97年7月1日	12.000	11.025	6.750	5.750	4.750	0.125	0.000	15.125

1. 自中央銀行法修正條文實施之日（88年7月7日）起，不再訂定存款及其他各種負債準備率下限。
2. 89年12月8日起新增外匯存款應提準備金。
3. 96年8月1日起外匯存款改按全部餘額計提準備金。

央行貼放利率

單位：年率%

調整日期	重貼現率	擔保放款融通利率	短期融通利率
2000/12/29	4.625	5	9.625
2001/02/02	4.375	4.75	9.625
2001/03/06	4.25	4.625	9.625
2001/03/30	4.125	4.5	9.625
2001/04/23	4	4.375	9.625
2001/05/18	3.75	4.125	6
2001/06/29	3.5	3.875	5.75
2001/08/20	3.25	3.625	5.5
2001/09/19	2.75	3.125	5
2001/10/04	2.5	2.875	4.75
2001/11/08	2.25	2.625	4.5
2001/12/28	2.125	2.5	4.375
2002/06/28	1.875	2.25	4.125
2002/11/12	1.625	2	3.875
2003/06/27	1.375	1.75	3.625
2004/10/01	1.625	2	3.875
2004/12/31	1.75	2.125	4
2005/03/25	1.875	2.25	4.125
2005/07/01	2	2.375	4.25
2005/09/16	2.125	2.5	4.375
2005/12/23	2.25	2.625	4.5
2006/3/31	2.375	2.75	4.625
2006/6/30	2.5	2.875	4.75
2006/9/29	2.625	3	4.875
2006/12/29	2.75	3.125	5
2007/3/30	2.875	3.25	5.125
2007/6/22	3.125	3.5	5.375
2007/9/21	3.25	3.625	5.5
2007/12/21	3.375	3.375	5.625
2008/3/28	3.5	3.875	5.75
2008/6/27	3.625	4	5.875

所得基本稅額所有條文：

第 1 條	為維護租稅公平，確保國家稅收，建立營利事業及個人所得稅負擔對國家財政之基本貢獻，特制定本條例。
第 2 條	所得基本稅額之計算、申報、繳納及核定，依本條例之規定；本條例未規定者，依所得稅法及其他法律有關租稅減免之規定。
第 3 條	營利事業或個人除符合下列各款規定之一者外，應依本條例規定繳納所得稅： 一、獨資或合夥組織之營利事業。 二、所得稅法第四條第一項第十三款規定之教育、文化、公益、慈善機關或團體。 三、所得稅法第四條第一項第十四款規定之消費合作社。 四、所得稅法第四條第一項第十九款規定之各級政府公有事業。 五、所得稅法第七十三條第一項規定之非中華民國境內居住之個人或在中華民國境內無固定營業場所及營業代理人之營利事業。 六、依所得稅法第七十五條第二項規定辦理清算申報或同條第五項所定經宣告破產之營利事業。 七、所得稅結算或決算申報未適用法律規定之投資抵減獎勵，且無第七條第一項各款規定所得額之營利事業。 八、所得稅結算申報未適用法律規定之投資抵減獎勵，且無第十二條第一項各款規定金額之個人。 九、依第七條第一項規定計算之基本所得額在新臺幣二百萬元以下之營利事業。 十、依第十二條第一項規定計算之基本所得額在新臺幣六百萬元以下之個人。 前項第九款及第十款規定之金額，每遇消費者物價指數較上次調整年度之指數上漲累計達百分之十以上時，按上漲程度調整之。調整金額以新臺幣十萬元為單位，未達新臺幣十萬元者，按萬元數四捨五入；其調整之公告方式及所稱消費者物價指數，準用所得稅法第五條第四項規定。

第 4 條	營利事業或個人依本條例規定計算之一般所得稅額高於或等於基本稅額者，該營利事業或個人當年度應繳納之所得稅，應按所得稅法及其他相關法律規定計算認定之。一般所得稅額低於基本稅額者，其應繳納之所得稅，除按所得稅法及其他相關法律計算認定外，應另就基本稅額與一般所得稅額之差額認定之。 前項差額，不得以其他法律規定之投資抵減稅額減除之。
第 5 條	營利事業或個人依所得稅法第七十一條第一項、第七十一條之一第一項、第二項、第七十三條第二項、第七十四條或第七十五條第一項規定辦理所得稅申報時，應依本條例規定計算、申報及繳納所得稅。 個人依所得稅法第七十一條第二項規定得免辦結算申報者，如其基本所得額超過第三條第一項第十款規定之金額，仍應依本條例規定計算、申報及繳納所得稅。
第 6 條	營利事業之一般所得稅額，為營利事業當年度依所得稅法第七十一條第一項、第七十三條第二項、第七十四條或第七十五條第一項規定計算之應納稅額，減除依其他法律規定之投資抵減稅額後之餘額。
第 7 條	營利事業之基本所得額，為依所得稅法規定計算之課稅所得額，加計下列各款所得額後之合計數： 一、依所得稅法第四條之一及第四條之二規定停止課徵所得稅之所得額。 二、依促進產業升級條例第九條、第九條之二、第十條、第十五條及第七十條之一規定免徵營利事業所得稅之所得額。 三、依中華民國八十八年十二月三十一日修正公布前促進產業升級條例第八條之一規定免徵營利事業所得稅之所得額。 四、依獎勵民間參與交通建設條例第二十八條規定免納營利事業所得稅之所得額。 五、依促進民間參與公共建設法第三十六條規定免納營利事業所得稅之所得額。 六、依科學工業園區設置管理條例第十八條規定免徵營利事業所得稅之所得額。

	七、依中華民國九十年一月二十日修正公布前科學工業園區設置管理條例第十五條規定免徵營利事業所得稅之所得額。 八、依企業併購法第三十七條規定免徵營利事業所得稅之所得額。 九、依國際金融業務條例第十三條規定免徵營利事業所得稅之所得額。但不包括依所得稅法第七十三條之一規定，就其授信收入總額按規定之扣繳率申報納稅之所得額。 十、本條例施行後法律新增之減免營利事業所得稅之所得額及不計入所得課稅之所得額，經財政部公告者。 依前項第一款及第九款規定加計之所得額，於本條例施行後發生並經稽徵機關核定之損失，得自發生年度之次年度起五年內，從當年度各該款所得中扣除。 依第一項第十款規定加計之減免所得額及不計入所得之所得額，其發生之損失，經財政部公告者，準用前項規定。
第 8 條	營利事業之基本稅額，為依前條規定計算之基本所得額扣除新臺幣二百萬元後，按行政院訂定之稅率計算之金額；該稅率最低不得低於百分之十，最高不得超過百分之十二；其徵收率由行政院視經濟環境定之。 前項規定之扣除金額，其計算調整及公告方式，準用第三條第二項規定。
第 9 條	營利事業依第四條第一項規定自行繳納基本稅額與一般所得稅額之差額，及經稽徵機關調查核定增加之繳納稅額，均得依所得稅法第六十六條之三規定，計入當年度股東可扣抵稅額帳戶餘額；其計入日期為繳納稅款日。 營利事業經稽徵機關調查核定減少之稅額，應自當年度股東可扣抵稅額帳戶中減除，其減除日期為核定退稅通知書送達日。
第 10 條	營利事業依第四條第一項規定自行繳納基本稅額與一般所得稅額之差額，及經稽徵機關調查核定增加之繳納稅額，得依所得稅法第六十六條之九第二項第一款規定，列為計算未分配盈餘之減除項目。

第 11 條	個人之一般所得稅額，為個人當年度依所得稅法第七十一條第一項、第七十一條之一第一項或第二項規定計算之應納稅額，減除依其他法律規定之投資抵減稅額後之餘額。
第 12 條	個人之基本所得額，為依所得稅法規定計算之綜合所得淨額，加計下列各款金額後 之合計數： 一、未計入綜合所得總額之非中華民國來源所得、依香港澳門關係條例第二十八條 第一項規定免納所得稅之所得。但一申報戶全年之本款所得合計數未達新臺幣一百萬元者，免予計入。 二、本條例施行後所訂立受益人與要保人非屬同一人之人壽保險及年金保險，受益人受領之保險給付。但死亡給付每一申報戶全年合計數在新臺幣三千萬元以下部分，免予計入。 三、下列有價證券之交易所得： 　(一) 未在證券交易所上市或未在證券商營業處所買賣之公司所發行或私募之股票、新股權利證書、股款繳納憑證及表明其權利之證書。 　(二) 私募證券投資信託基金之受益憑證。 四、依所得稅法或其他法律規定於申報綜合所得稅時減除之非現金捐贈金額。 五、公司員工依促進產業升級條例第十九條之一規定取得之新發行記名股票，可處分日次日之時價超過股票面額之差額部分。 六、本條例施行後法律新增之減免綜合所得稅之所得額或扣除額，經財政部公告者。 前項第五款規定之所得，應於可處分日次日之年度，計入基本所得額。 第一項第三款規定之有價證券交易所得之計算，準用所得稅法第十四條第一項第七類第一款及第二款規定。其交易有損失者，得自當年度交易所得中扣除；當年度無交易所得可資扣除，或扣除不足者，得於發生年度之次年度起三年內，自其交易所得中扣除。但以損失及申報扣除年度均以實際成交價格及原始取得成本計算損益，並經稽徵機關核實認定者為限。 第一項第三款規定有價證券交易所得之查核，有關其成交價格、成本及費用認定方式、未申報或未能提出

	實際成交價格或原始取得成本者之核定等事項之辦法，由財政部定之。 依第一項第六款規定加計之減免所得額或扣除額，其發生之損失，經財政部公告者，準用第三項規定。 第一項第二款規定之金額，其計算調整及公告方式，準用第三條第二項規定。 第一項第一款規定，自中華民國九十八年一月一日施行。但行政院得視經濟發展情況，於必要時，自中華民國九十九年一月一日施行。
第 13 條	個人之基本稅額，為依前條規定計算之基本所得額扣除新臺幣六百萬元後，按百分之二十計算之金額。但有前條第一項第一款規定之所得者，已依所得來源地法律規定繳納之所得稅，得扣抵之。扣抵之數不得超過因加計該項所得，而依前段規定計算增加之基本稅額。 前項扣抵，應提出所得來源地稅務機關發給之同一年度納稅憑證，並取得所在地中華民國使領館或其他經中華民國政府認許機構之簽證。 第一項規定之扣除金額，其計算調整及公告方式，準用第三條第二項之規定。
第 14 條	個人與其依所得稅法規定應合併申報綜合所得稅之配偶及受扶養親屬，有第十二條第一項各款金額者，應一併計入基本所得額。
第 15 條	營利事業或個人已依本條例規定計算及申報基本所得額，有漏報或短報致短漏稅額之情事者，處以所漏稅額二倍以下之罰鍰。 營利事業或個人未依本條例規定計算及申報基本所得額，經稽徵機關調查，發現有依本條例規定應課稅之所得額者，除依規定核定補徵應納稅額外，應按補徵稅額，處三倍以下之罰鍰。
第 16 條	第七條第一項第二款至第八款規定之所得額，符合下列規定之一者，於計算營利事業基本所得額時，得免予計入： 一、本條例施行前已由財政部核准免稅。 二、本條例施行前已取得中央目的事業主管機關核發完成證明函或已完成投資計畫，並於本條例施行

	之日起一年內，經財政部核准免稅。 三、本條例施行前已取得中央目的事業主管機關核發之投資計畫核准函，並已開工，且未變更投資計畫之產品或服務項目。 四、本條例施行前已取得中央目的事業主管機關核發之投資計畫核准函，尚未開工，而於本條例施行之日起一年內開工，並於核准函核發之次日起三年內完成投資計畫，且未變更投資計畫之產品或服務項目。 五、本條例施行前民間機構業與主辦機關簽訂公共建設投資契約，並於投資契約約定日期內開工及完工，且未變更投資計畫內容者。但依主辦機關要求變更投資計畫內容者，不在此限。
第 17 條	本條例施行細則，由財政部定之。
第 18 條	本條例施行日期除另有規定外，自中華民國九十五年一月一日施行。但第十五條規定，自中華民國九十六年一月一日施行。

臺灣證券交易所上市證券鉅額買賣辦法修正條文表

第 二 條	鉅額買賣之方式，以逐筆交易或配對交易為限。鉅額買賣不得融資、融券及借券賣出。鉅額買賣之交割日期別，分為成交日交割或成交日後第二營業日交割。
第 三 條	證券商一次申報買進或賣出之數量、種類及金額，應符合下列規定： 一、單一證券鉅額買賣以逐筆交易方式為之者，其上市證券數量達五百交易單位以上；以配對交易方式為之者，其申報上市證券數量達一千交易單位以上。 二、股票組合鉅額買賣以逐筆交易方式為之者，其上市股票種類達五種以上且總金額達一千五百萬元以上；以配對交易方式為之者，其上市股票種類達五種以上且總金額達三千萬元以上。 未達前項第一款之情形而以逐筆交易方式一次申報買進或賣出總金額達一千五百萬元以上，或以配對交易方式一次申報買進或賣出總金額達三千萬元以上者，得為單一證券鉅額買賣。
第 四 條	證券商受託以鉅額買賣申報賣出有價證券時，應檢核投資人之集保帳戶至少具備相當於應付交割之數額，並應留存紀錄備查。
第二章	逐筆交易
第 五 條	逐筆交易之交易時段及得申報買賣價格範圍之公布時點如下： 一、本公司於上午九時三十分公布各證券得申報之買賣價格範圍，並於公布後至上午九時五十分接受證券商買賣申報並逐筆撮合成交。 二、本公司於上午十一時三十分公布各證券得申報之買賣價格範圍，並於公布後至上午十一時五十分接受證券商買賣申報並逐筆撮合成交。 三、本公司於下午一時三十五分公布各證券得申報之買賣價格範圍，並於公布後至下午一時五十分接受證券商買賣申報並逐筆撮合成交。但本公司得視當日市場交易時間（即本公司營業細則第三條規定之市場交易時間上午九時至下午一時三十分）收市狀況，延後本款交易時段之公布時點，或宣布停止接受證券商買賣申報。 前項得申報買賣價格範圍之計算，以漲至或跌至參考基準之價格百分之三點五為限。但前項第一款、第二款所訂交易時

	段依上開方式算得之價格範圍，不得逾當日市場交易時間依本公司營業細則第六十三條規定之漲跌停價格。 前項所稱參考基準，依下列原則決定之： 一、第一項第一款、第二款所訂之交易時段，以公布時當日市場交易時間按營業細則第五十八條規定揭示之最近一次未成交最高買進及最低賣出申報價格之平均價格為參考基準。但僅有買進或賣出之揭示價格時，以最高買進或最低賣出之揭示價格為參考基準；無買進及賣出揭示價格時，以當市最近一次成交價格為參考基準；如當市尚無成交價格時，則以當市開盤競價基準為參考基準。 二、第一項第三款所訂之交易時段，以當日市場交易時間之收盤價格為參考基準，如當市無收盤價格時，以當市開盤競價基準為參考基準。 三、前項所稱當市開盤競價基準，準用本公司營業細則第五十八條之三第一項第三款之規定或第五十九條之一、第六十七條之一所定參考基準之價格。。 四、逐筆交易之申報，限於所輸入之交易時段內有效，得於未成交前撤銷原買賣之申報。 五、股票除息或除權交易日暨次一營業日及本公司營業細則第六十三條第二項採無升降幅度限制之交易日，均暫停逐筆交易之申報。
第 六 條	證券商當日申報成交日後第二營業日交割之逐筆交易買賣申報總金額，適用本公司營業細則第二十八條之一之規定。但證券商當日申報成交日交割之逐筆交易買賣申報總金額，不在此限。 證券商當日申報成交日交割之逐筆交易，本公司認為必要時，得通知其向本公司繳交成交日交割之鉅額買賣申報買進及賣出金額合計五成之保證金，俟收訖後接受其申報。
第 七 條	證券經紀商受託以逐筆交易方式申報買進賣出時，除另有規定應預收款券外，得視情形向委託人預收足額或一定成數之款券。
第 八 條	單一證券鉅額買賣以逐筆交易方式為之者，分按交割日期別撮合，其撮合優先順序及成交價格依逐筆輸入之買進申報或賣出申報別，依下列原則決定之： 一、當筆輸入之買進申報價格高於或等於先前輸入之最低賣出申報價格時，依賣出申報價格由低至高依序成交，如申報之賣價有數筆相同時，按申報時間優先順序依序成交，直至完全滿足或當筆輸入之買進申報價格低於未成

	交之賣出申報價格為止。 二、當筆輸入之賣出申報價格低於或等於先前輸入之最高買進申報價格時，依買進申報價格由高至低依序成交，如申報之買價有數筆相同時，按申報時間優先順序依序成交，直至完全滿足或當筆輸入之賣出申報價格高於未成交之買進申報價格為止。 股票組合鉅額買賣以逐筆交易方式之撮合成交，當筆輸入之買進（賣出）申報交割日期別、各股票代號、單價及數量，應與先前輸入之賣出（買進）申報均相符，再與賣出（買進）申報時間最優先者成交。
第三章	配對交易（**Pair Trade**）
第十條	配對交易之交易時段為上午九時三十分至上午九時五十分、上午十一時三十分至上午十一時五十分、下午一時三十五分至下午五時。 配對交易之申報，除另有規定外，於當日各交易時段內均有效，得於當組配對買賣未成交前，於各交易時段內撤銷原買賣之申報。但採成交日交割之申報，限當日下午一時五十分前有效。
第十一條	配對交易得申報之買賣價格範圍，以漲至或跌至當市開盤競價基準之價格百分之三點五為限。 前項所稱當市開盤競價基準，準用本公司營業細則第五十八條之三第一項第三款之規定或第五十九條之一、第六十七條之一所定參考基準之價格。
第十二條	股票除息或除權交易日暨次一營業日及本公司營業細則第六十三條第二項採無升降幅度限制之交易日，均暫停配對交易之申報。 標購之證券有外資持股比例之限制者，於標購當日下午二時三十分起暫停配對交易之申報，其尚未成交之申報視為無效。
第十三條	證券商當日申報成交日後第二營業日交割之配對交易買賣申報總金額，適用本公司營業細則第二十八條之一之規定。但證券商當日申報成交日交割之配對交易買賣申報總金額，不在此限。 證券商當日申報成交日交割之配對交易，本公司認為必要時，得通知其向本公司繳交成交日交割之鉅額買賣申報買進及賣出合計金額五成之保證金，俟收訖後接受其申報。 證券商當日申報之同組配對買賣，其買賣金額互抵後為零者，不納入前二項金額之計算。

第十四條	證券經紀商受託以配對交易方式申報買進賣出時,除另有規定應預收款券外,得視情形向委託人預收足額或一定成數之款券。
第十五條	證券商以配對交易方式一次申報買進或賣出,應依下列規定辦理,且當組配對買賣之交易日期別、有價證券代號、單價及數量等均相符,經本公司檢核無誤後,始依據當組配對申報撮合成交: 一、同一證券商申報同組配對交易之買進及賣出時,應先申報當組配對買賣之群組代號、交割日期別、證券商代號、有價證券代號、單價、買賣別及買賣總數量等,後申報委託書編號、委託人帳號(或自營商帳號)及其委託買賣數量等。 二、不同證券商申報同組配對交易之買進或賣出時,應先由其中一家賣方證券商代表申報當組配對買賣之群組代號、交割日期別、各證券商代號、有價證券代號、單價、買賣別及買賣總數量等;後由該賣方證券商代表及當組配對買賣之其他證券商各自申報委託書編號、委託人帳號(或自營商帳號)及其委託買賣數量等。 股票組合鉅額買賣以配對交易方式為之者,當組配對買進賣出各僅限申報單一委託人帳號(或自營商帳號),且交割日期別、各股票代號、單價及數量等均相符,經本公司檢核無誤後,始依據當組配對申報撮合成交。
第十六條	配對交易之成交資料即時經由交易資訊揭示系統公告之。
第四章	結算交割
第十七條	鉅額買賣以成交日交割者,應單獨編製「交割計算表」,證券商應依交割計算表所載應收應付相抵後之餘額,於成交當日辦理交割。 前項所稱之「交割計算表」,包含以逐筆交易方式及配對交易方式所為成交日交割之鉅額買賣。 鉅額買賣以成交日後第二營業日交割者,其應收應付交割代價及有價證券,與其他採成交日後第二營業日交割之買賣合併辦理交割。
第十八條	鉅額買賣以成交日交割者,其應收應付交割代價及有價證券依下列規定辦理: 一、有應付交割代價之證券商應於下午二時三十分前將應付交割代價匯入本公司指定銀行帳戶;有應付有價證券之證券商由本公司通知證券集中保管事業辦理帳簿劃撥手續。

二、有應收交割代價之證券商，本公司於下午二時三十分後，通知指定銀行辦理劃撥入帳；有應收有價證券之證券商，依前款規定完成應付交割代價，並經本公司確認無誤後，由本公司通知證券集中保管事業辦理劃撥入帳。

賣方證券商無法完成交割，經辦理錯帳申報後，由本公司製作報表及電子檔傳送證券集中保管事業辦理相關作業，賣方證券商應按該種證券成交日當日收盤價格及申請數量相乘後百分之一百二十之金額為擔保金，於當日銀行營業時間內繳交本公司。

證券商未依第一項第一款規定辦理交割者，本公司課以過怠金，超過一小時以內者，課新臺幣三萬元，超過一小時以上者，每超過一小時，各增課新臺幣一萬元。

證券商未依規定時間辦理交割者，視同違背交割義務，而於當日銀行營業時間內完成交割者，不在此限。

國家圖書館出版品預行編目

全方位財務人：財務設計顧問工具書
Full functional financial guy / 黃怡仁著. -- 一版
臺北市 ： 秀威資訊科技, 2004[民 93]
　面 ；　公分. -- 參考書目：面
ISBN 978-986-7614-56-8(平裝)

1. 金融 - 管理　2. 財務管理

563　　　　　　　　　　　　　　　93018248

商業企管類　AI0003

全方位財務人
——財務設計顧問的工具書

作　者 / 黃怡仁
發 行 人 / 宋政坤
執行編輯 / 林秉慧
圖文排版 / 沈裕閔
封面設計 / 羅季芬
數位轉譯 / 徐真玉　沈裕閔
圖書銷售 / 林怡君
法律顧問 / 毛國樑　律師
出版印製 / 秀威資訊科技股份有限公司
　　　　　台北市內湖區瑞光路 583 巷 25 號 1 樓
　　　　　電話：02-2657-9211　　　傳真：02-2657-9106
　　　　　E-mail：service@showwe.com.tw
經 銷 商 / 紅螞蟻圖書有限公司
　　　　　台北市內湖區舊宗路二段 121 巷 28、32 號 4 樓
　　　　　電話：02-2795-3656　　　傳真：02-2795-4100
　　　　　http://www.e-redant.com

2004 年 10 月 BOD 一版
2008 年 9 月 BOD 二版
定價：200 元

讀　者　回　函　卡

感謝您購買本書，為提升服務品質，煩請填寫以下問卷，收到您的寶貴意見後，我們會仔細收藏記錄並回贈紀念品，謝謝！

1.您購買的書名：_____

2.您從何得知本書的消息？

　　□網路書店　　□部落格　　□資料庫搜尋　　□書訊　　□電子報　　□書店

　　□平面媒體　　□ 朋友推薦　　□網站推薦 □其他_____

3.您對本書的評價：(請填代號　1.非常滿意 2.滿意 3.尚可 4.再改進)

　　封面設計_____　版面編排_____　內容_____　文/譯筆_____　價格_____

4.讀完書後您覺得：

　　□很有收獲　　□有收獲　　□收獲不多　　□沒收獲

5.您會推薦本書給朋友嗎？

　　□會　□不會，為什麼？_____

6.其他寶貴的意見：_____

_____

_____

_____

讀者基本資料

姓名：_____　年齡：_____　性別：□女 □男

聯絡電話：_____　E-mail：_____

地址：_____

學歷：□高中(含)以下　　□高中　　□專科學校　　□大學

　　　□研究所(含)以上 □其他_____

職業：□製造業 □金融業 □資訊業 □軍警 □傳播業 □自由業

　　　□服務業 □公務員 □教職　□學生 □其他_____

To：114

台北市內湖區瑞光路 583 巷 25 號 1 樓

秀威資訊科技股份有限公司　　　收

寄件人姓名：

寄件人地址：□□□

(請沿線對摺寄回,謝謝!)

秀威與 BOD

BOD（Books On Demand）是數位出版的大趨勢，秀威資訊率先運用 POD 數位印刷設備來生產書籍，並提供作者全程數位出版服務，致使書籍產銷零庫存，知識傳承不絕版，目前已開闢以下書系：

一、BOD 學術著作—專業論述的閱讀延伸
二、BOD 個人著作—分享生命的心路歷程
三、BOD 旅遊著作—個人深度旅遊文學創作
四、BOD 大陸學者—大陸專業學者學術出版
五、POD 獨家經銷—數位產製的代發行書籍

BOD 秀威網路書店：www.showwe.com.tw
政府出版品網路書店：www.govbooks.com.tw

永不絕版的故事・自己寫・永不休止的音符・自己唱